KB005211

라이브
커머스
성공 전략

라이브 커머스 성공 전략

라이브 커머스 입문서

이현숙 지음

서사원

Prologue

TV에서 모바일로,
새로 열어가는 판매의 기술

어깨가 드러나는 우아한 블랙 이브닝드레스를 입고 온몸에 순금 주얼리를 두른 채 "세월이 흘러도 가치가 변하지 않는 건 금밖에 없는 것 같아요"라고 말하며 손에 든 수백만 원짜리 순금 골드바를 보여준다.

3만 원대 두루마리 화장지 세트를 팔 때는 잘 말려 있는 화장지를 굳이 손에다 다시 둘둘 말며 "고객님, 왜 좋은 화장지를 써야 하는지 아세요?"라고 운을 띄운 후 절절한 감성 소구Emotional Appeal, 광고에서 소비자에게 감정적으로 호소하여 구매를 유도하는 방법를 하기도 한다.

고등어와 김치 같은 신선식품이나 먹거리를 먹음직스럽게 입으로 넣으며 방송을 보고 있는 사람이 먹고 싶어 안달이 나도록 그 맛을 생생하게 표현하는 일뿐 아니라, 판매하는 오븐에 즉석에서 재료를 조합해 넣고 수제 피자를 뚝딱 만들기도 하고, 때로는 거침없는 칼질로 두툼한 생고기를 쓱쓱 자르기도 한다.

어떤 날은 동화책을 읽으며 1인 3역으로 구연동화를 하기도 하고, 안마 의자에 앉아 "이 녀석이 사람 손보다 더 나아요. 매번 부담스러운 마사지샵 찾아가지 마시고 이 안마 의자에 앉아보세요!"라며 그 느낌을 생생하게 전달한다.

이렇게 보고 만질 수 있는 유형의 상품뿐만 아니라 상조 서비스, 패키지여행 상품, 프랜차이즈 창업주 모집 방송, 각종 보험 방송 등 무형 상품에 이르기까지 나는 20여 년 가까이 'TV홈쇼핑 쇼호스트Home Shopping Host'로서 상품군의 경계를 넘나들며 수많은 상품을 판매해 왔다. 나보다 훨씬 유능한 쇼호스트 출신이 많기에, 책을 통해 나의 이런 경력을 뽐내고 싶은 마음은 전혀 없다.

다만, 오래전부터 책을 써야겠다고 마음먹은 몇 가지 이유는 밝히고 싶다. 거창한 표현일 수 있지만, 대한민국 1.5세대 쇼호스트로서 그리고 지금도 누군가에게는 꼭 하고 싶은 간절한 바람일지도 모를 '쇼호스트'라는 타이틀을 운 좋게도 길게 누렸던 사람으로서 '사명감' 정도의 감정이라고 말하고 싶다. 필요한 사람이 있다면 혼신으로 부딪혀 가며 터득했던 판매 방송에 관한 나만의 노하우를 꼭 알려주고 싶다고 늘 생각해 왔었다.

또한 방송통신위원회 산하 방송콘텐츠진흥재단BCPF, Broadcasting Content Promtion Foundation에서 진행하는 '대한민국 1인 방송대상 영상 공모전'의 심사 위원을 맡으며 수년 동안 수많은 1인 방송 출품작을 모니터링하고 심사하며 쌓은 노하우, 1인 방송 교육생 선발 및 대학과 기관 등에서 직접 진행했던 커머스Commerce 분야 강의 경험들, 라이브 커머스Live Commerce 전문 쇼호스트들의 멘토링들, 그리고 광고 미디어 MBAMaster of Business Administration, 전문 경영인을 양성하기 위한 경영학 석사 과정에서 진행했던 1인 미디어 분야의 연구들, 메이저 TV홈쇼핑 방송 메인 쇼호스트로 활동하며 퍼스널 브랜딩Personal Branding 이미지 컨설팅Image Consulting 자격증을 획득해 전문가로 활약하며 쌓은 다양한 경험과 지식까지! 앞서 말한 '사명감'

에 이런 다양한 노력을 모아 넣고 다듬어 요리하면 꽤 괜찮은 콘텐츠가 될 것 같다는 자신감도 있었다.

그리고 책을 써야겠다고 결심한 또 다른 이유 중 하나는, 내 인생의 가장 찬란한 황금기이던 20대부터 40대까지 쇼호스트를 하며 겪은 희열과 좌절과 고민과 성취를 하나하나 기억하며 정리하고 기록해 두고 싶은 마음도 컸다.

그렇다고 해서 쇼호스트 지망생들만을 염두에 두고 이 책을 쓰지는 않았다. 요즘은 훌륭한 쇼호스트 아카데미나 교육 기관도 많다. 쇼호스트 지망생들은 그곳의 교육 시스템과 풍부한 정보를 이용하면 더 많은 도움을 받을 수 있기에 굳이 나까지 나설 필요는 없을 듯하다.

대신 거스를 수 없는 언택트Untact, '접촉하다'라는 의미의 'Contact'에 부정적 의미인 'Un'을 합성한 단어의 흐름 속에서 양적 · 질적으로 급성장하고 있는 모바일 라이브 커머스의 1인 방송 셀러seller, 판매자를 위한 기본서를 만들어 그들에게 힘이 되어주기로 마음먹었다.

자신의 상품을 방송으로 직접 판매하고 싶지만 어떻게 해야 할지 막막한 소상공인들, 좋은 상품을 발굴해 1인 방송으로 상품 판매를 하고 싶은 예비 1인 판매 방송 셀러들, 요즘 같은 구직난에 회사에 소속되기보다 온라인 1인 마켓의 오너가 되고 싶은 예비 창업자들, 그리고 현재 1인 방송 라이브 커머스를 하고는 있지만 노하우를 잘 몰라 시청자의 설득과 흥미 유발을 끌어내지 못하는 초보 셀러들이 이 책을 통해 도움받길 바라는 마음을 담았다.

PDProducer, 제작자와 MDMerchandiser, 상품 기획자와 쇼호스트의 영역이 명확하게 구분되어 있고 대형 스튜디오에서 여러 대의 카메라를 사용해 방송을 만드는 TV홈쇼핑과, PD와 MD와 쇼호스트의 역할 모두는 물론 방송도 휴대전화 카메라 1대로 하는 1인 방송 라이브 커머스는 당연히 다른 면이 많다. 하지만 판매 방송의 기본적인 공식과 노하우는 전자와 후자가 크게 다르지 않다고 본다. 또 방송국에서 사용하는 전문 카메라이든 휴대전화 카메라이든, 카메라 앞에서 진행자가 갖추어야 할 기본적인 자질과 준비 또한 마찬가지로 다르지 않다고 생각한다.

내 경험과 사례를 중심으로 글을 쓰다 보니 남들에게는 굳이 말하고 싶지 않았던 쑥스럽고 부끄러운 기억들까지 소환되었고, 이를 종이 위로 쏟아내기까지는 조금 더 용기가 필요하기도 했다. 하지만 1인 라이브 커머스를 하려는 셀러들이 이 책을 읽고 기본기를 탄탄히 다져 1인 방송이나 라이브 커머스를 하는 데에 자신감을 갖추게 된다면 이마저도 행복하게 느껴질 듯해 아낌없이 쓰고 또 썼다. 부디 이 책이 여러분에게 도움이 되길 바란다.

추천사

라이브 커머스는 개인이 접근할 수 있는 플랫폼이 다양하고 큐레이션이 기본입니다. 또한 고객의 구매 동선이 가장 압축적임과 동시에 채팅으로 실시간 리뷰와 콜 투 액션이 가능하다는 점 등에서 기존 커머스가 가진 장점의 총합체라 할 수 있습니다. 그렇기에 코로나19가 가져온 커머스 환경 변화에서 가장 전망 밝은 커머스 유형이라고 생각합니다.

쇼호스트로서 20여 년의 생방송 경험과 이미지 컨설턴트로서의 전문성, 그리고 쌍둥이 워킹맘으로서의 체험을 바탕으로 이현숙 대표가 쓴 이 책 『라이브 커머스 성공 전략』은 누구나 소비자에서 셀러로 변신할 수 있는 라이브 커머스의 세계에 도전하고자 하는 분들에게는 자신감을, 망설이는 분들에게는 용기를 주는 길라잡이가 되리라고 자신합니다.

–'롯데홈쇼핑, 롯데닷컴' 강현구 전 대표이사

국내에서 라이브 커머스는 이제 막 시작하는 단계이지만, 빠르게 성장하고 있습니다. 언택트가 생활화되면서 라이브 커머스는 고객들에게 '사전 경험'과 '실시간 소통'이라는 가치를 제공하면서 시장에 기대감을 주고 있습니다. 그러나 아직은 너무 초기이다 보니 다양한 시도와 좋은 사례가 많이 나와야 합니다.

이런 상황에서 이현숙 대표님의 이 책 『라이브 커머스 성공 전략』은 대표님의 지난 20여 년의 쇼호스트 경험과 라이브 커머스 시장에 관한 인사이트를 바탕으로 실질적인 사례들로 이루어져 있어 라이브 커머스에 관심이 있는 많은 1인 방송인들에게 큰 도움이 될 것입니다.

– '그립 컴퍼니' 김한나 대표

4차 산업혁명은 개인에게 스마트폰을 이용해 크리에이터로 성공할 수 있는 기회를 선물해 주었습니다. 이 책 『라이브 커머스 성공 전략』의 저자 이현숙 대표는 20년 가까운 기간 동안 '설득의 여왕'이라고 불리는 쇼호스트와 방송 경력을 바탕으로 개인이 '라이브 커머스'를 통해 목표한 성취를 이룰 수 있는 체험적 지식을 현장감 있게 알려줍니다.

이제 '1인 미디어 크리에이터'는 남녀노소 많은 이의 꿈이 되었습니다. 이 책은 그들에게 4차 산업혁명 속에서 누구보다 꿈을 이룰 수 있는 길로 안내해줄 것입니다. 라이브 커머스 셀러는 물론 1인 미디어 크리에이터를 하려는 사람도 반드시 읽어 보아야 할 책이고, 대중들에게는 개인 브랜딩을 위한 좋은 지침서가 될 것이라고 믿습니다.

– '한양사이버대학교 광고영상창작학과' 서구원 교수

이현숙 대표의 첫인상은 부드럽고 우아했습니다. 세련된 외모와 목소리, 그리고 절제된 몸짓에서 카메라에 단련된 프로 방송인의 이미지가 물씬 묻어났지요. 첫 만남에서 대화를 시작한 지 얼마 지나지 않아 그녀의 눈빛은 새로운 도전과 열정으로 반짝였는데, 전형적인 '외유내강형' 사람임을 단번에 알아챘습니다. 그녀는 메이저 TV홈쇼핑 회사에서 20여 년간 베테랑 쇼호스트로 바쁘게 일하면서도 시간을 쪼개어 '이미지 컨설팅'이라는 새로운 공부를 위해 나를 찾았습니다.

이 책 『라이브 커머스 성공 전략』은 최근 비대면 비접촉을 추구하는 언택트 경제가 부상하면서 라이브 커머스의 실전 성공 전략을 다룹니다. 특히 이현숙 대표의 오랜 라이브 방송 활동과 미디어 이미지 컨설팅 경험은 1인 방송 시대를 준비하는 사람들에게 매우 유익한 정보를 제공합니다.

– '정연아 이미지테크 연구소' 정연아 대표

코로나19로 비대면 사회적 거리 두기를 실천하면서 Untact가 아닌 Ontact 시대의 경제 성장이 가속화되고 있고, 실시간으로 셀러와 교감하며 재미있고 안전하게 쇼핑할 수 있는 라이브 커머스 시장 역시 확장되고 있습니다. 라이브 커머스는 1인 미디어를 기반으로 하기에 소상공인들과 예비 개인 창업자들에게 유용한 기회를 제공합니다.

양적 · 질적으로 성장하고 있는 라이브 커머스 분야에서 제대로 된 실력을 갖춘 전문가가 쓴 『라이브 커머스 성공 전략』이 Ontact 시대에 성공하고 싶은 사람들에게 탄탄한 기본기를 갖출 수 있는 훌륭한 입문서가 되어줄 것이라고 확신합니다.

– '방송콘텐츠진흥재단(BCPF)' 맹찬호 상임이사

자연에 직접 작용하는 농업 · 어업 · 목축업 · 임업 등의 1차 산업 생산자들에게 선택 아닌 필수가 된 라이브 커머스! 코로나19 팬데믹으로 앞을 예측할 수 없는 상황에서 이들이 살아남는 방법은 라이브 커머스를 활용한 생산자와 소비자 간의 직거래라고 말하고 싶습니다. 1차 산업 생산자들의 소득 증대 및 개인 브랜드를 만들 수 있는 가장 쉬운 첫걸음인 라이브 커머스는 이제 필수 불가결이 되어버렸습니다.

그동안 라이브 커머스에 관해 이론적인 이야기를 하는 사람은 많았지만, 누구도 실전이 바탕이 된 비법을 이야기하진 못했는데요. 이현숙 대표님의 약 20여 년간의 TV홈쇼핑 생방송 진행 비결과 2015년부터 시작된 라이브 커머스에 대한 고찰이 모두 담긴 이 책 『라이브 커머스 성공 전략』을 통해 1차 산업 생산자들도 라이브 커머스에 대한 방향과 실전 노하우를 쉽게 알 수 있다고 생각하니 책의 출간이 정말 반갑고 축하하고 싶습니다.

– 스타트업 '비욘드커브' 박채연 대표

정해진 시간과 고정된 장소를 통해서만 접하는 TV홈쇼핑보다 장소와 시간에 구애받지 않고 화장실에 갈 때도, 잠을 잘 때도 손에서 떼지 않는 모바일을 통해 모든 생활이 이루어지고 있는 시대입니다. 쇼핑 역시 결국 모바일로 넘어올 수밖에 없지요. 모바일 쇼핑 시장은 최근 2~3년 사이에 급격히 성장하고 있으며, 코로나 사태까지 더해져 사용자 역시 더욱 증가하고 있습니다. 제가 활동 중인 플랫폼 중 한 곳은 2019년 11월에 20명 정도로 시작했던 라이브쇼핑이 2020년 09월 기준으로 1.6만 명을 돌파하는 모습을 보면 전망을 예측할 수 있습니다.

홈쇼핑 경력이라고는 하나도 없던 제가 쇼호스트로 입사 후 첫 생방송을 앞두던 날이었지요. 앞이 캄캄해 간절한 마음으로 도움의 손길을 요청했을 때 응답을 주셨던 이현숙 쇼호스트 선배님, 그때 선배님의 가르침이 없었더라면 어땠을지 생각만 해도 아찔합니다. 언제나 빠르게 트렌드를 알아보시고 앞서나가는 선배님을 늘 존경하고, 첫 출간을 축하드립니다. 이제는 라이브 커머스 시대일 수밖에 없는 만큼, 많은 사람에게 이 책 『라이브 커머스 성공 전략』이 도움이 되길 바랍니다.

-라이브 커머스 신윤정 전문 쇼호스트

차례

PART

2 '1인 방송 라이브 커머스 셀러' 실전 비법

상품과 방송 관리

1인 방송 라이브 커머스 셀러, 인플루언서가 아니어도 잘 팔 수 있다

상품 소싱과 재고 문제

방송 준비하기

매출을 높이는 11가지 판매 전략

LIVE
COMMERCE

PART

3 '1인 방송 라이브 커머스 셀러' 실전 비법

이미지 관리

카메라 앞에서 당당해지는 이미지 컨설팅

카메라가 풍경 보듯 익숙해지는 노하우

LIVE
COMMERCE

★ **밝힙니다** ★

Ⅰ. 한국에 도입된 초기 홈쇼핑은 미국의 최대 홈쇼핑 채널인 QVC의 모델을 수용했는데, 이 QVC에서 홈쇼핑 진행자를 쇼의 호스트인 '쇼호스트'로 불렀다고 합니다. 그래서 국내 최초의 TV홈쇼핑인 39쇼핑(현 CJ오쇼핑의 전신)에서도 '쇼호스트'라는 단어를 사용했다고 해요. 바로 이어 개국한 한국홈쇼핑(현 GS홈쇼핑의 전신)에서는 39쇼핑과의 차별화를 위해 명칭을 변형하여 '쇼핑호스트'라고 불렀다고 합니다.
이중 지금도 39쇼핑의 영향을 받은 TV홈쇼핑 회사는 '쇼호스트'를, 한국홈쇼핑의 영향을 받은 TV홈쇼핑 회사는 '쇼핑호스트'라는 호칭을 사용하고 있다고 해요. 이 책의 저자께서 18년간 근무했던 롯데홈쇼핑의 전신인 우리홈쇼핑도 39쇼핑 출신들이 초기에 방송 제작 등에 투입되면서 자연스럽게 '쇼호스트'라는 칭호를 쓰게 되었고, 이 책 역시 '쇼호스트'라는 말로 통일하여 표기하였습니다.

Ⅱ. 이 책 『라이브 커머스 성공 전략』에서 판매자를 '쇼호스트'라고 하지 않고 '셀러'라고 호칭한 이유는 '쇼호스트'는 '판매 대행 방송 진행자'라는 협소한 의미로만 전달될 듯하여, 모바일 라이브 커머스에서 판매 방송을 하는 모든 사람(소상공인, 농민, 어민, 위탁 판매를 하는 쇼호스트 등등)을 통칭하기 위해 '셀러'라고 통일하여 표기하였습니다.

PART

1

누구나 '1인 방송 라이브 커머스 셀러'가 될 수 있다

결혼, TV홈쇼핑 쇼호스트, 그리고 쌍둥이 육아

12월 17일, 1년 단위로 만난 운명

신기하게도 신께서는 내게 인생의 남자와 인생의 직업을 같은 날에 주셨다. 12월 17일에 인생의 남자와 결혼했고, 다음 해 12월 17일에 운명처럼 쇼호스트가 되었다. 당시 생소했던 쇼호스트에 도전한 이유는 치밀한 계획이나 원대한 포부 등이 있어서가 아니었다. 모 TV홈쇼핑 회사가 주최하는 쇼호스트 선발 대회에서 수상하면 상금도 주고 쇼호스트로도 정식 채용을 한다는 신문 기사를 보고, 일단 상금이라도 타보자는 가벼운 마음으로 응시했다.

요즘은 쇼호스트 아카데미가 성행하다 보니 외모와 실력 모두 뛰어난 준비된 쇼호스트 지망생이 넘쳐나지만, 그 당시에는 아카데미 출신도 많지 않았고 주로 방송 경력자 위주로 채용이 이루어졌었다. 당시 나는 공중파 방송 경력이 6년 정도 있었고, 나를 채용한 TV홈쇼핑 회사는 깔끔한 새댁 이미지에 방송 진행을 매끄럽게 잘할 수 있는 쇼호스트가 필요했던 상황이라 운 좋게 높은 점수로 상도 받고 상금도 받고 입사까지 하게 되었다.

빙글빙글 정신없이 돌아가는 TV홈쇼핑 생방송의 세계

결혼 1년 차, 한집에 사는 남자에게도 아직 적응이 채 안 된 상태에서 얼떨결에 쇼호스트가 되었다. 그러자 지금까지 경험해보지도, 상상해보지도 못한 새로운 세계가 펼쳐졌다. 쇼호스트의 생활은 월화수목금토일 주 7일, 하루 20시간 동안 진행되는 생방송에서 상품 편성에 따라 캐스팅되면 일어나고 출근하고 퇴근하는 시간이 하루도 같지 않은 날의 반복이었다. 새벽에 출근했다가 한낮에 퇴근하기도 하고, 한밤중에 출근했다가 새벽달을 보며 퇴근하기도 했다. 하루에 2~3번 출근도 흔한 일이고 주말과 공휴일에도 방송에 캐스팅되면 일해야 하는, 불규칙해도 이렇게까지 불규칙한 직업은 아마 찾아보기 어려울 것 같다.

생방송을 마치고 새벽이나 아침에 퇴근하는 날이면 엘리베이터에서 만난 이웃들의 표정에서 '저 사람은 대체 무슨 일을 하길래 이 시간에 속눈썹까지 붙인 짙은 화장에 강풍이 불어도 잔 머리카락 한 올 날릴 것 같지 않게 볼륨이 잔뜩 들어간 헤어 스타일로 남들 출근하는 아침에 들어오는 거지?'라는 묘한 의심과 탐색의 눈길을 받는 건 늘 겪는 일이었다.

남자 쇼호스트들의 이야기를 들어보면 웃긴 일화가 더 많다. "저 집에 혼자 사는 남자는 어떤 날은 온종일 집에 있다가, 또 어떤 날은 낮에 나갔다가, 또 어떤 날은 새벽에 기생오라비처럼 화장한 얼굴로 들어오더라고요?"라는 동네 어르신들의 쑥덕거림은 예사란다. 모 쇼호스트는 심야 방송을 끝내고 메이크업을 지우지 않은 채 새벽 2시 반 즈음 퇴근해 택시를 탔다고 한다. 요즘에야 남자들도 가벼운 화장 정도는 한다지만, 예전에는 화장한 남자는 호기심의 대상이었다.

아니나 다를까, 택시 기사분이 룸미러를 통해 뒷좌석에 앉은 자기를 자꾸 흘깃흘깃 쳐다보더니 조심스럽게 "뭐 하는 분이세요?"라고 물어봤다고 한다. '쇼호스트'가 공식적인 호칭이지만 회사 내부에서 우리끼리는 짧게 줄여 '호스트'라고 부르는 게 익숙했기에, "저 호스트입니다"라고 대답했더니 기사님이 아주 이상야릇한 표정을 지으셨다고 한다. 남자가 예쁘게 화장한 상태에서 본인 입으로 "저는 호스트입니다"라고 했으니… '쇼호스트'라는 직업이 생소했던 홈쇼핑 초창기 시절에는 이렇게 남들의 묘한 시선을 받을 수밖에 없었던 것 같다. 이런 웃긴 에피소드가 셀 수 없을 만큼 정말 많아서, 한 번 이야기가 터지면 아마 2박 3일도 모자랄 것이다.

그 당시 TV홈쇼핑은 모든 방송이 생방송이다 보니 부득이하게 담당 쇼호스트가 갑자기 아프거나 폭우, 폭설 등 천재지변이나 피치 못한 상황 등으로 방송 시간을 맞추지 못하는 상황이 드물게 발생했다. 요즘은 그런 일이 거의 없지만, 과거에는 회사와 멀지 않은 곳에 사는 쇼호스트를 급하게 부르는 경우가 종종 있었다. 당시 신혼집에서 도보로 5분 거리에 회사가 있었던 나는 자다가 새벽에 급히 호출을 받고 방송에 투입되기도 했고, 설거지 도중 호출이 오면 고무장갑을 벗고 바로 회사로 달려가 일명 땜빵 방송을 하기도 했다.

이렇게 라이브 방송은 녹화 방송과는 비교도 안 될 만큼 넘치는 긴장감과 예측할 수 없는 변화무쌍함이 공존한다. 그래도 나는 라이브 방송이 더 좋았다. 라이브 방송은 말 그대로 살아 있는 방송이다. 짧은 시간 동안 초집중하여 에너지를 발산해야 하지만, 그 이상의 희열과 짜릿함이 있기에 라이브 방송을 하는 사람들은 그 매력에서 벗어나기가 어렵다. 내가 판매한 상품의 매출이 좋으면 그것만으로도 온종일 신이 나 안 먹어도 배가 불렀고, 매출이 저조하면 덩달아 우울하고 기운이 없었다.

그래서 우스갯소리로 "쇼호스트가 가장 좋아하는 날씨는 좋지 않은 날씨이다!"라는 말이 있다. 휴가철이나 날씨가 좋은 날은 TV 앞에 앉아 있는 사람의 수가 적어 판매가 잘되지 않기 때문이다. 이렇듯 쇼호스트는 다음 날 일기예보를 챙겨보며 매출을 예측해 보기도 하고, 비가 오는 날 출근할 때는 늘 판매하던 상품이라도 혹시 오늘은 대박이 나지 않을까 하는 기대를 하기도 한다.

신혼의 재미가 무엇인지도 모르고 쇼호스트 생활에 적응하느라 바빴지만, 쇼호스트로 인정받기 위해 정말 열심히 일했다. 지금 생각해 보면 착하고 무던한 남편이 아니었다면 쇼호스트를 그만두었거나 결혼 생활을 그만두었거나 둘 중 하나였을 것 같다. 지금처럼 프리랜서가 아닌 월급쟁이였는데도 왜 그렇게 일 욕심을 냈는지, 온통 방송에 미쳐 그것만 바라보았던 기억이 난다.

쇼호스트 활동과 쌍둥이 육아의 병행

결혼 5년 만에 기다리고 기다리던 임신을 하게 되었다. 기다린 만큼 축복도 2배가 되어 쌍둥이를 가지게 되었다. 하지만 쌍둥이 임신은 쉬운 일이 아니었다. 임신 4개월에 이미 만삭의 몸이 되었고, 태동이 시작되어 4개의 다리와 4개의 팔이 동시에 움직일 때마다 아기들이 내 몸을 밀어 만삭의 배가 웨이브를 타는 듯했다. 48㎏을 유지하던 몸무게가 70㎏까지 늘어나면서 걷는 것조차 힘들어졌기에, 당시에는 앉아서 방송할 수 있는 이 · 미용 상품을 주로 맡아 진행했었다.

돌이켜 생각해도 배가 너무 부르고 두 아이가 자꾸 뱃속에서 밀어 제대로 움직이지도, 잘 수도 없는 나날들이었다. 쌍둥이 임신 덕에 임신이 되지 않아 정신적으로 힘들었던 시기를 넘겼나 했더니 그보다 더 힘든 육체적인 고통이 찾아온 것이다. '아… 제발 하루라도 빨리 뱃속에서 나왔으면 좋겠다!' 나의 간절한 바람이 통했는지 쌍둥이는 8개월 2주 만에 세상에 나왔다. 만지면 부러질 것 같이 여리고 작은 2㎏ 남짓한 몸무게의 생명이 우리 부부에게 선물처럼 2명이나 온 것이다. 얼굴 생김새도 혈액형도 완전히 다른 이란성 공주님들이었다.

출산 후 산후조리원에서 한 달 정도 있었는데, 쌍둥이 산모인 나는 산후조리원에서도 여간 힘든 게 아니었다. 매일 모유 수유 3번씩 각각 2명이니까 총 6번, 하루 세끼 밥에 간식 한번, 요가, 모빌과 칠교판 만들기 등등 산후조리가 아니라 그야말로 노동이었다. 그런데도 산후조리원에서는 그나마 나았다.

아가들을 데리고 집으로 오면서부터 본격적인 전쟁이 시작되었다. 쌍둥이 아가들을 돌볼 때 어른 2명이면 충분할 듯하지만, 실제로는 최소 4명은 있어야 돌아가며 한 번씩이라도 쉴 수 있음을 알게 되었다. 특히 밤에는 교대로 깨 울다 보니 같은 공간에서 재울 수도 없었다. 2시간에 한 번씩 깨워 분유를 먹이고 트림을 시킨 후 혹 울면 계속 안고 흔들며 재워야 하는데 출산의 기쁨과 예쁜 두 아이를 얻었다는 행복감도 잠시, 배 속에 있을 때가 훨씬 더 나았다는 생각이 저절로 들 정도였다.

그렇게 전쟁통 같던 4개월을 보낸 후 쇼호스트로 복직했다. 입주 도우미와 함께 보름에 한 번씩 부산에서 양가 부모님이 교대로 오셔서 아이들을 돌봐 주셨고, 나는 스케줄이 없는 시간마다 수시로 집을 드나들었다. 이렇게 하지 않으면 연세 드신 어른들이 제대로 쉬지 못하시기에, 죄송한 마음으로 하루에 2~3번의 출퇴근을 할 수밖에 없었다. 회사에서는 방송이다 미팅이다 바빴고, 집에서는 아이들을 돌보느라 파김치가 되었다. 아이들을 유모차에 태워 밀고 다니면서 다음날 방송할 자료를 읽으며 공부했고, 우는 아이들을 번갈아 업고 달래면서 방송 멘트 연습을 하기도 했다.

당시 우리 집은 입주 도우미들이 가장 피하는 조건을 모두 갖춘 집이었다. 첫 번째 쌍둥이가 있고, 두 번째 어르신들도 계속 집에 계시며, 세 번째 아이들의 엄마가 출퇴근 시간이 일정하지 않고 수시로 들락날락하는 집이었으니 말이다. 더군다나 어르신들이 바뀔 때마다 육아와 집안일의 스타일도 15일마다 달라졌다. 한 예로, 양가 어머님들께서 주방용품의 위치가 본인의 동선에 맞아야 한다고 하셔서 그때마다 그릇과 냄비, 조리도구의 위치가 바뀌었었다. 아이들에게 먹이는 것, 입히는 것, 가르치는 것 등 사사건건마다 양가 부모님들의 스타일이 다 달랐고 그럴 때마다 입주 도우미분들이 아주 힘들었을 것이다.

그러다 보니 입주 도우미가 계속 바뀌었고, 당시 내 일과 중 하나가 퇴근 후 입주 도우미 면접이었을 정도였다. 바쁠 때는 회사 로비에서도 면접을 봤다. 그렇게 만나본 입주 도우미만 해도 100명은 넘을 듯하다. 그래서 쇼호스트 후배들도 입주 도우미에 관해 궁금한 점이 있으면 나를 찾을 정도였으니 말이다.

쌍둥이는 뱃속에서부터 경쟁 관계이다. 그래서 자신들 외에 다른 사람은 무슨 일을 어떻게 하든 상관하지 않는다. 오직 쌍둥이 둘이서만 경쟁을 한다. 우리 집 꼬마들도 어릴 때부터 엄마를 차지하겠다는 경쟁이 너무 심해 밥을 먹을 때도 나를 중심으로 양쪽 옆에서 먹어야 하고, 잘 때도 꼭 내가 중간에 눕고 양쪽에 아이 둘이 누웠었다. 잠을 자다 혹시라도 내 머리가 조금이라도 한쪽으로 치우쳐 있으면 다른 쪽에 누워 있던 아이가 벌떡 일어나 바로 내 머리를 중간으로 갖다 놓고 다시 누웠다.

무심결에 오른쪽이나 왼쪽으로 고개가 돌아가 있으면 "왜 엄마는 재만 쳐다봐? 나도 쳐다봐!" 하며 내 얼굴을 서로 본인들 쪽으로 돌리느라 밤마다 전쟁이었다. 그래서 옆으로 자는 습관이 있는 내가 정확히 두 아이의 중간에 끼어 아이들이 잠들 때까지 천장을 바라보고 누워 있는 고초를 밤마다 겪었다. 이건 정말 쌍둥이 엄마만이 할 수 있는 경험이다.

아이들이 어린이집을 다닐 무렵이니 4~5세 즈음 되었던 것 같다. 그 당시에는 이 · 미용 상품 방송 스케줄이 많다 보니 심야에 방송을 진행하는 때가 많았다. 밤늦게나 새벽에 퇴근하니 다른 가족들보다 늦게 일어나거나 다음 스케줄을 위해 낮 동안 중간중간 자야만 했다. 고맙게도 아이들은 엄마가 잘 때는 놀아달라고 하지 않고, 볼 일이 있으면 방문도 살살 열고 들어왔다. 아직 어린데도 피곤한 엄마를 이해해 주는 것 같아 대견했다.

하지만 그것이 나만의 착각이었음을 알게 된 사건이 있었다. 어느 날 자고 일어나 봤더니 당시 단어 쓰기에 재미가 붙은 아이들이 어린이집 교실처럼 방마다 이름을 지어 문에다 이름표를 붙여 놓았는데, 자기들 방은 '놀이방' 서재는 '에디슨 방' 주방은 '조리실' 그리고 내가 자는 안방은…… '응급실'

갑자기 누군가에게 머리를 세게 맞은 듯했다. 아이들은 내가 잠을 자는 게 아니라 아픈 줄 알았단다. 그 이후 아이들을 앉혀 놓고 어쩔 수 없는 엄마의 생활방식이라고 말하며 엄마가 왜 낮에 자야 하는지에 관해 설명했다. 물론 아이들이 알아들었는지 못 알아들었는지는 아직도 잘 모르겠다.

우리 집 쌍둥이는 또래 아이들이 '소꿉장난'이나 '공주님 놀이'를 할 때 '쇼호스트 놀이'를 했다. 둘이서 더블 쇼호스트가 되어 인형도 팔고 색연필도 팔고 먹던 간식도 팔았다. "제가 이 연필을 써봤는데, 얼마나 글씨가 잘 써지는지 깜짝 놀랐지 뭐예요?" "얼마나 맛있는지 제가 이 과자를 한번 먹어볼게요. 바사삭! 우와~ 소리 들리셨죠?" "이 조건은 오늘이 마지막이거든요. 지금 바로 전화주세요!" 둘이서 주거니 받거니 하며 종알종알 노는 모습을 보면 귀여워 웃음도 났지만, "애들 앞에서는 찬물도 못 마신다!"라는 옛 어른들의 말이 실감 나기도 했다.

이렇게 20대에 결혼하고 쇼호스트가 되고, 30대에 아이를 낳아 키우며 40대가 될 때까지 많은 일을 겪었고 많은 경험을 했다. 그동안 회사의 대표가 6번 바뀔 만큼 꽤 긴 세월 동안 한 회사에서 쇼호스트로 활동했다. 뒤돌아보면 불규칙하고 빡빡한 쇼호스트 생활을 하며 쌍둥이를 키우고 강의 등 대외적인 활동도 한다는 건 만만치 않은 여정이었다. 일도 육아에서도 100점짜리는 결코 아니었지만, 그래도 포기하지 않고 치열하게 노력하고 버티었기에 판매 방송 전문가로서 지금의 커리어가 쌓이지 않았나 싶다.

특히 회사라는 조직을 나와보니 그때는 보이지 않던 더 큰 세계가 눈에 들어왔다. '나'라는 사람에 대해, 또 내가 그동안 했던 '일의 가치'에 대해서도 객관적으로 보이기 시작했다. 나에게는 오랫동안 밥 먹듯이 익숙해진 판매 방송이었지만, 20년 가까운 세월 동안 쇼호스트를 하며 내가 경험하고 터득한 '방송 스킬'과 '판매 방송 노하우'는 무엇과도 바꿀 수 없고 무엇으로도 쉽게 살 수 없는 큰 자산임을 말이다.

1인 방송 커머스와 맺은 인연

1인 방송 커머스에 관심을 두게 된 계기

내가 '1인 방송 커머스'에 관심을 두게 된 실질적인 계기는 쇼호스트로 활동할 때부터 맡고 있는, 방송통신위원회KCC, Korea Communications Commission 산하의 방송콘텐츠진흥재단BCPF에서 '1인 방송 제작 스쿨'의 교육생 선발을 위한 면접과 평가, 커머스 분야 강의를 담당하면서부터이다. 지금은 1인 방송이 워낙 보편화되었지만, 당시만 하더라도 1인 방송은 주로 10~20대들이 즐기는 신문물이라고 생각하는 사람이 많았었다.

나 역시 그중 한 명이었지만, 막상 지원자들을 만나보니 정말 의외였다. 20대 젊은이부터 손주가 있는 60대 어르신까지 연령대의 폭이 넓었다. 직업 역시 현직 방송인부터 출판사 대표, 청년 농부, 증권사 직원, 작가, 강사, 전직 마술사 등등 각양각색이다 보니 관심사 역시 다양했다.

활동 분야는 다르지만, 나보다 훨씬 연륜과 경험이 많은 분들이 '1인 방송'이라는 새로운 분야에 도전하는 모습을 보니 한 회사에서 쇼호스트로만 생활하며 그다지 큰 도전이나 변화를 해본 적 없는 나에게는 그야말로 신선한 자극과 충격이었다. 이 분들은 본인들의 콘텐츠에 상당한 자부심과 애정이 있었고, 1인 방송을 통해 자신의 콘텐츠를 보여주고 많은 사람에게 알리고 싶은 열정과 의욕이 가득했다. 그리고 본인의 콘텐츠를 언젠가 1인 방송을 통해 판매해 보고 싶다는 분도 꽤 있었다.

하지만 막상 방송을 시작하려니 이분들에겐 두려움이 있었다. 아무래도 영상과 셀카Self Camera와 친한 밀레니얼 세대Millenial Generation, 1980년대 초반~2000년대 초반 출생한 세대를 가리키는 말가 아니기에, 아무리 1인 방송이라도 방송은 방송이라며 영상에 본인의 얼굴이 나오는 것에 대한 적지 않은 부담을 가지고 있었다. 여기서 나의 도전거리가 생겼다. 의외로 이런 사람이 많다면 내가 할 일도 많아지겠다는 생각이 들었다. 그 이후로 쇼호스트 활동을 하면서 1인 방송과 1인 방송 라이브 커머스 셀러들을 위한 교육과 강의 등을 틈틈이 하게 되었다.

쇼호스트는 방송을 진행해 상품을 판매하는 직업이다. 1시간 안에 적게는 수천만 원에서 많게는 수억, 수십억 원어치의 물건을 팔기도 하는 쇼호스트는 어떤 직업군과도 비교할 수 없는 마케팅과 유통 전문가라고 자부할 수 있다. 소속되어 있던 TV홈쇼핑 회사를 그만두고 잠시 쉬고 있을 때 나와 함께 일하고 싶어 하는 회사 대표 몇 분을 만난 적이 있다. 그런데 그분들이 나를 통해서 하고 싶어 하는 새로운 사업이 희한하게도 거의 비슷했다. 바로 미디어 커머스Media Commerce, 미디어와 커머스를 결합한 합성어로 미디어 콘텐츠를 활용하여 마케팅 효과를 극대화하는 형태의 전자상거래를 뜻하는 신조어였다.

미디어 커머스는 쉽게 말하면 SNSSocial Network Services나 모바일 플랫폼Mobile Pplatform 등에서 영상을 통해 상품을 판매하는 것이다. TV홈쇼핑이라는 높은 울타리 안에서는 잘 몰랐는데, 막상 그 울타리를 벗어나니 유통이나 마케팅 쪽 사업을 하는 사람들은 미디어 커머스라는 영역에 엄청난 관심을 두었고 어떻게든 빨리 그 시장에 발을 들여 자리 잡고 싶어 하는 분위기였다.

실제로 내 지인 중에도 메이저 TV홈쇼핑 쇼호스트에서 모바일 라이브 커머스 쇼호스트로 방향을 전환해 활발하게 활동하는 이가 여럿 있다. 온라인 쇼핑 플랫폼이 TV에서 모바일로 급속도로 옮겨 가고 있음이 피부로 절실히 느껴지면서 나에게도 1인 방송, 그리고 미디어를 이용하는 라이브 커머스라는 것이 피할 수 없는 현실이 되었음을 실감했다.

이런 것까지 알려주는 사람? 나야 나!

요즘 1인 방송이 대세이다 보니 여기저기서 오프라인이나 온라인 강의도 많이 개설되고 유튜브나 블로그, 인터넷 검색 등을 통해서도 1인 방송에 대한 다양한 정보를 쉽게 얻을 수 있다. 그런데 기존에 나와 있는 강의나 영상, 정보 대부분은 1인 방송의 기획과 편집, 장비 선택에 대한 콘텐츠이다 보니 본인이 직접 방송에 출연하여 진행하는 것에 관한 노하우는 메인 요리에 곁들여 나오는 밑반찬 정도로 가볍게 다루어지는 경우가 많다.

특히 1인 방송으로 상품을 판매하는 일은 일반적인 1인 방송보다 한 차원 더 높은 능력을 요구한다. 상품을 고르는 MD로서의 안목과 방송 콘셉트를 잡고 세팅과 촬영까지 직접 다 해야 하는 PD의 역할은 물론이고, 어떻게 하면 상품을 시청자에게 제대로 잘 보여주고 설명해 판매까지 이루어지게 할지 마케터 즉, 셀러로서의 역할까지 해야 한다.

판매할 상품도 있고 잘하고 싶은 의욕도 있지만, 카메라 앞에만 서면 긴장하고 떠느라 셀러로서 무엇부터 어떻게 말해야 할지, 방송에서 상품은 어떻게 보여주고 셀링 포인트는 어떻게 잡고 팔아야 할지 막연한 예비 1인 방송 셀러가 많을 것이다. 이제 너무 걱정하지 마시라! 거창하고 장대한 노하우는 아니지만, 굳이 고가의 방송 학원이나 아카데미에 등록하여 수강하지 않더라도 이 책 한 권만 읽으면 셀러로서의 기본을 탄탄하게 다져 바로 1인 방송 라이브 커머스를 할 수 있을 만큼 상세하게 설명해 두었다. 자~그럼 지금부터 시작해보자!

모바일 라이브 커머스 시대의 당도

책을 쓰려고 마음먹은 날부터 관련 업계 동향이나 트렌드를 파악하기 위해 자료를 수집하고 관련된 사람들의 인터뷰를 해왔었다. 그동안 기껏해야 일부 홈쇼핑이나 소셜 커머스에서 간간이 운영했던 라이브 커머스가 최근에는 대형 백화점, 양판점, 면세점이나 유통 회사들까지 확장되어 모바일 생방송 서비스를 운영하기 시작했다. 그뿐인가? 네이버쇼핑이나 카카오 커머스 등의 플랫폼 회사들이 라이브 커머스 시장에 선전포고하며 본격적으로 뛰어들었고, 라이브 커머스 전용 플랫폼 업체도 여럿 등장했다.

이를 바탕으로 원고 초안을 작성해 놓았는데, 몇 달 뒤 출판사에 보내기 위해 원고를 다시 검토하면서 그 사이에 원고의 많은 부분을 보완해야 할 상황이 생겨버렸다. 누구도 예측할 수 없었던 코로나바이러스감염증-19COVID-19이 팬데믹Pandemic, 세계적으로 전염병이 대유행하는 상태으로까지 확산한 것이다.

전 세계적으로 사회적 거리 두기가 시작되었고, 그렇지 않아도 성장 속도가 빠른 온라인 쇼핑 거래가 코로나19의 여파로 더 급성장하게 되었다. 온라인 쇼핑의 대세 속에서 '라이브 커머스'가 핫 키워드로 떠올랐고, 이런 분위기를 반영하여 언론에서도 '라이브 커머스'를 소개하며 달라진 쇼핑 문화에 관한 보도가 연일 이어졌다.

- 카카오 쇼핑라이브 심상찮다…출시 한 달 만에 조회수 1천만 회
  – 연합뉴스, 2020.11.25.
- 이케아도 라방, '이케아 라이브 커머스' 서비스 론칭
  – 이데일리, 2020.12.14.
- 함안군, '라이브 커머스' 판매 성황
  – 경남일보, 2020.12.21.

- 매장에서 생방송에 소비자는 댓글…'라이브 커머스' 시대
  – MBC뉴스, 2020.12.27.
- KT · 쿠팡까지 뛰어들었다…라이브 커머스 '무한도전'
  – 중앙일보, 2020.12.30.
- "10분에 1억 매출"…비대면 소비 이끄는 '라이브 커머스'
  – 조선비즈, 2021.01.02.

이렇게 우리는 온라인을 통해 실시간으로 판매자와 구매자가 소통하며 물건을 사고파는 모바일 라이브 커머스 시대를 본격적으로 맞닥뜨리게 되었다. 그런데 이런 모바일 라이브 커머스와 미디어 커머스는 대기업이나 대형 유통회사만 할 수 있는 일이 아니다. 누구라도 모바일을 사용해 라이브로 상품을 팔 수 있다.

요즘은 인스타그램, 페이스북, 유튜브 등의 SNS뿐만 아니라 플랫폼 회사가 잘 만들어 놓은 툴을 이용하면 휴대전화 하나로 방송을 하며 얼마든지 내가 팔고 싶은 상품을 마음껏 판매할 수 있다. 본인이 제조나 생산을 직접 하거나 온라인이나 오프라인 쇼핑몰을 운영하는 경우, 또는 판매 대행으로 창업을 하려는 경우까지 1인 방송의 포맷에서 판매 스킬만 조금 익힌다면 이제 누구나 1인 판매 방송 셀러가 될 수 있다.

모바일 라이브 커머스란?

모바일 라이브 커머스란 '모바일을 통해 라이브 방송을 하면서 실시간으로 제품을 판매하는 것'을 말하는데, 여기서 '라이브 커머스'란 라이브Live와 이커머스eCommerce를 합친 말이다.

기존 온라인 쇼핑에서는 상세페이지에 올려진 상품의 사진과 설명글을 보며 소비자가 수동적으로 쇼핑했다면, 라이브 커머스는 방송을 통해 판매자와 소비자가 채팅으로 실시간 소통하며 능동적으로 쇼핑한다. 판매자가 직접 옷을 입어보거나 음식을 먹어보고 화장품을 발라보는 등 시청자가 원하는 것을 바로바로 해결해 주어 오프라인 매장에 직접 방문한 것처럼 생생하고 상세하게 상품을 볼 수 있고 간접 체험까지 하며 쇼핑할 수 있다는 장점이 있다.

얼마 전 한 라이브 커머스 셀러가 7시간 동안 432만 개의 상품을 판매해 1,900억 원의 매출을 올렸고, 이때 방송 접속자 수가 8,200만여 명이었다는 기사를 접했다. 입이 쩍 벌어지는 이 이야기는 중국 '광군제光棍節, Single's day, 중국에서 11월 11일을 뜻하는 말로 중국의 최대 쇼핑 축제일을 뜻함'에서 웨이야薇娅, viya라는 왕홍이 올린 판매 실적이다.

중국의 왕홍중국의 인플루언서들의 활약은 익히 들은 바가 있을 것이다. 그들은 모바일 라이브 방송을 하며 화장품, 옷, 잡화, 생활용품으로 엄청난 매출을 기록할 뿐 아니라 이제는 부동산이나 자동차, 심지어 로켓 발사권까지 판매 영역을 넓히고 있다.

우리나라의 라이브 커머스 시장은 중국과 비교하면 아직은 걸음마 수준이다. 하지만 최근 들어 이커머스 업체뿐 아니라 대형 플랫폼 회사들까지 라이브 커머스 시장에 본격적으로 뛰어들었고 대형 오프라인 유통 회사들도 라이브 커머스에 열을 올리고 있다. 특히 코로나19로 오프라인 매장의 매출이 급감하면서 더 가속도가 붙기 시작했다. 여기에 라이브 커머스 전용 플랫폼 업체도 하나둘씩 생겨나며 라이브 커머스가 온라인 쇼핑의 새로운 강자로 떠오르게 되었다.

라이브 커머스의 급성장은 지금까지는 대면, 사람과의 '접촉'으로 상품을 판매하는 시대였다면 이제는 비대면, '접속'으로 상품을 판매하는 시대가 왔음을 증명해준다. 유통의 흐름이 이러하다 보니 이미 내 주위에는 많은 전문 쇼호스트나 인플루언서는 물론 소상공인과 농민, 일반인까지도 라이브 커머스 셀러에 도전해 1인 판매 방송으로 활발하게 활동하고 있다.

이제 모바일 라이브 커머스는 점점 더 온라인 유통의 일상이 될 것이다. 요즘 사람들은 투잡을 넘어 N잡러 시대라고 말한다. 또 코로나19 시대에 기업이 직원을 뽑지 않거나 기존 직원 수를 급격히 줄일 것이라는 슬픈 전망은 계속 나오고 있다. 이제는 누군가의 피고용인이 되겠다는 생각보다 독창적이고 차별화된 아이디어로 본인이 오너가 되는 길을 연구해야 할 때이다. 목돈과 임대료, 시설, 인건비 등을 갖추지 않더라도 모바일 온라인 마켓에서 내가 팔고 싶은 상품으로 손님과 소통하며 판매하는 일! 그게 바로 라이브 커머스 1인 셀러의 역할이다. 이 분야가 앞으로 얼마나 성장하게 될지 기대가 된다.

1인 방송 라이브 커머스 셀러 vs TV홈쇼핑 쇼호스트

1인 방송으로 상품을 판매하는 라이브 커머스는 쉽게 말해 'TV홈쇼핑을 모바일 1인 방송으로 옮겨 놓은 것'이라고 보면 된다. 그러다 보니 대형 스튜디오에서 여러 대의 카메라로 방송하는 TV홈쇼핑과 달리 공간과 장비의 제약이 없고, PD와 MD와 쇼호스트의 영역이 구분되어 있지 않다.

그러니 당연히 셀러가 홈쇼핑 쇼호스트 역할은 물론 콘셉트를 잡고 촬영하고 주문 관리를 하는 PD의 역할, 상품 소싱의 MD 역할, 디스플레이와 코디와 메이크업 등 그 밖에도 때에 따라서는 CS 담당자, 배송 관리 등등 혼자서 몇 명의 역할을 해야 한다. 그래서 1인 방송이라도 '1인 라이브 커머스 셀러'는 일반적인 1인 방송 진행자보다 더 다양한 멀티플레이어의 능력이 요구된다.

또 1인 방송 라이브 커머스는 정해진 틀이나 규칙이 없기 때문에 방송 중에 춤을 추어도 되고 노래를 불러도 상관없다. 커피를 마시면서 해도 되고 은어나 유행어를 써도 뭐라고 할 사람은 없다. B급 감성의 병맛 멘트를 치거나 몸개그를 해도 좋다. 그런데 끼와 흥이 넘치고 재미가 있다고 해도, 물건을 팔아 돈을 벌려면 결국 '설득'이라는 단계가 필요하다. 그 점에서 TV홈쇼핑 쇼호스트나 라이브 커머스 셀러가 갖추어야 할 기본적인 자질과 준비는 크게 다르지 않음은 분명하다.

판매 방송이라는 것이 수학이나 과학처럼 누구나 반박 못할 정확한 공식이 있는 것은 아니다. 하지만 가수가 노래를 잘 하기 위해서 개성이나 기교 이전에 탄탄한 기본기가 필요하듯, 운동선수가 좋은 기록을 내기 위해 기초 체력이 뒷받침되어야 하듯 판매 방송도 그런 기본기가 당연히 필요하다. 그 다져진 기본기 위에 개성이 더해졌을 때 훨씬 매력 있고 설득력 있는 판매 방송 셀러가 될 수 있다.

이 책은 전문 쇼호스트나 셀럽, 인플루언서를 위해 쓰지 않았다. 카메라 앞에서 떨지 않고 이야기하는 것부터 상품을 어떤 방법으로 설득해서 팔아야 하는 게 좋을지, 또 1인 방송 셀러로서 매력적으로 보일 수 있는 이미지 메이킹에 대한 가장 기본적인 노하우를 담고 있다.

지금도 1인 라이브 커머스를 하는 셀러들이 나름의 방법으로 열심히 상품을 판매하고 있다. 타고난 끼나 감각 그리고 부단한 노력으로 꽤 성과를 내는 경우도 많다. 하지만 이제 막 1인 라이브 커머스를 시작하려고 하거나 현재 활동 중이지만 기본적인 판매 스킬을 배우고 싶은 셀러가 있다면 이 책을 재미있게 읽고 쉽게 배워서 부담 없이 판매 방송에 시도해 보기를 바라는 마음이다.

PART

2

'1인 방송 라이브 커머스 셀러' 실전 비법

상품과 방송 관리

1인 방송 라이브 커머스 셀러, 인플루언서가 아니어도 잘 팔 수 있다

평범한 내가 판매해도 사람들이 물건을 사게 하려면?

인터넷 서핑을 하다 닐슨 리서치 설문 조사에서 상품 추천에 대한 신뢰도에 관한 흥미로운 조사 결과를 보게 되었다. 사람들은 누가 추천한 상품을 가장 신뢰할까? 연예인? 인플루언서? 응답자들은 의외로 유명 연예인이나 운동선수가 추천하는 상품보다 자신의 주변에 있을 법한 사람들이 추천한 상품에 훨씬 높은 신뢰도를 보인다고 한다. 그중에서도 친구나 가족, 지인처럼 가까운 사람들이 추천한 상품에는 절대적인 신뢰도를 보여주고 있다고 한다.

이 설문조사의 결과는 "나는 인플루언서가 아닌데 물건을 잘 팔 수 있을까요?"라는 질문에 관한 명쾌한 답이 아닐까 싶다. 특히 1인 라이브 커머스의 특성상 시청자들과의 소통이 중요한데, 수천 수만 명의 팔로워를 보유한 인플루언서는 채널 파워는 있을지언정 실시간으로 고객과 소통하며 질문을 주고받기는 어렵다.

세계 최고의 과학 기술 문화 전문 잡지 《와이어드》의 공동 창간자 중 한 사람인 케빈 캘리Kevin Kelly는 다음과 같은 유명한 이론을 남겼는데, 셀러라면 새겨들을 만한 말이다.

"당신이 1,000명의 진정한 팬을 가지면, 즉 당신이 만든 상품이라면 무엇이든 지갑을 열 1,000명의 사람을 보유하면 생계 유지가 가능한 수입을 어느 정도 보장받을 수 있으니 계속해서 좋은 상품을 일관성 있게 만들 힘도 생긴다. 그러니 1,000명의 팬부터 확보하라. 그들은 당신이 반드시 소유해야 할 '작은 왕국'이다!"

그러니 1인 방송 라이브 커머스 셀러라면 나를 조건 없이 지지해주는 진정한 팔로워 1~2천 명을 보유해 무엇보다도 꾸준하고 지속적인 소통을 통해 고객의 마음을 얻는 게 가장 중요하다.

친근함의 긍정 효과

그럼 인플루언서가 아닌 사람이 1인 라이브 커머스를 통해 물건을 팔려면 어떻게 해야 할까? 수년 전 어느 대학에 강의하러 갔다 인연을 맺게 된 Y는 요즘 라이브 커머스로 종횡무진 바쁜 나날을 보내고 있다. Y는 페이스북 라이브 방송을 통해 본인이 직접 소싱한 상품을 판매하는 셀러인데, 최근에 꽤 좋은 성과를 거두고 있다. 그 비결은 바로 '친근함에서 시작된 팬심'이었다.

Y는 라이브 커머스를 본격적으로 하기 훨씬 이전부터 개인 SNS로 많은 사람과 꾸준히 진정성 있는 소통을 하고 있었다. 그동안 Y가 어떤 사람인지 오랫동안 지켜봤던 SNS 팔로워들은 Y가 라이브 커머스 셀러 활동을 시작하자 전적으로 그녀를 믿고 충성스러운 고객이 되었다.

어떤 상품이든 Y라면 정직하고 깐깐하게 골라 좋은 가격으로 판매하리라는 신뢰가 바탕에 깔려 있기에, 최근에는 250만 원이나 하는 다이아몬드 목걸이를 2세트나 팔 수 있었다고 한다. TV홈쇼핑도 아니고, 셀럽이나 인플루언서가 아닌데도 개인 SNS를 통해 고가의 상품을 판매할 수 있다는 점은 정말 대단하다. 앞으로가 더 기대되는 Y를 진심으로 응원한다.

Y의 사례에서처럼 1인 라이브 커머스 셀러는 친근함을 바탕으로 한 신뢰가 가장 중요하다. 사람은 본능적으로 낯선 사람을 경계한다. 특히나 물건을 파는 사람이 익숙하지 않으면 잘 믿지 않는다. 그렇다면 친근함은 어떻게 생길까? 자신을 자주 노출하는 방법밖에는 없다.

자주 보면 정이 들고, 정이 들면 좋아진다. 좋아지면 상대방에 관한 경계가 없어지고, 신뢰가 생긴다. 신뢰가 생긴 상황에서 그 셀러의 라이브 커머스 방송을 보고 상품을 몇 번 샀는데 만족스러웠다면 믿음이 생기고, 믿음이 쌓이면 충성심이 생긴다. 충성심이 생기면 셀러가 어떤 말을 해도, 어떤 상품을 팔아도 믿고 사는 팬심이 생기게 된다. 그러니 평소에도 SNS로 진솔한 소통을 하며 '내 편'을 많이 만들어 놓자.

라이브 커머스 셀러는 신뢰가 생명!

'팔이피플'이라는 신조어가 있다. 팔이+피플People, 사람의 합성어로, 소셜 미디어를 통해 인기를 얻으며 물건을 판매하는 사람을 일컫는 말이다. 이는 결국 돈만 되면 물불 안 가리고 뭐든 파는 온라인 판매자들을 비꼬아서 말하는 속어이다. 어감에서부터 썩 유쾌하지 않은 '팔이피플'이라는 호칭을 듣는 것은 라이브 커머스로 상품을 판매하는 셀러가 듣기에 그다지 즐거운 말은 아니다.

홈쇼핑의 경우는 회사 재승인을 위해 사전·사후 심의가 굉장히 엄격하므로 근거가 불확실한 효능 및 효과나 허위 사실을 말할 수 없다. 자칫 잘못했다가는 회사가 문을 닫거나 쇼호스트가 문책을 당할 수 있다. 그래서 쇼호스트는 증빙 가능한 팩트와 심의 규정에 허용되는 범위 내에서 본인의 말재주와 세일즈 노하우로 상품을 판매해야 한다.

TV홈쇼핑은 실시간으로 방송을 모니터링하는 심의 담당자가 있기에 혹시라도 해서는 안 되는 표현을 하거나 표현의 수위가 높아졌다고 판단되면 방송 중에 쇼호스트 앞에 놓인 모니터나 PD와 연결된, 쇼호스트 귀에 꽂고 있는 이어피스인이어를 통해 PD가 주의하라고 경고하기도 하고 정정 멘트를 요구하기도 한다.

반면 1인 라이브 커머스는 셀러가 잘못 알고 있는 점을 실수로 말했다고 해도, 홈쇼핑 심의 담당자처럼 그 자리에서 바로 잡아줄 사람이 없다. 또 라이브 방송은 물 흐르듯 흘러가기 때문에 편집하거나 걸러낼 수도 없다. 그러므로 방송을 준비하는 과정에서 셀러는 상품에 대한 정확한 정보와 지식을 갖고 있어야 하고, 하나라도 더 팔겠다고 책임지지 못할 말을 해서도 안 된다.

모바일 방송은 TV홈쇼핑과 비교하면 표현의 방법이나 수위가 훨씬 자유롭다. 본인이 사용해 본 느낌이나 사용 후기를 진정성 있게 표현하는 일은 얼마든지 가능하지만, '암이 낫는다'거나 '기미가 싹 다 없어진다' 등등 일반화할 수 없거나 허가를 받지 않은 효능 · 효과에 대한 단정적인 표현은 절대 해서는 안 된다. 특히 건강식품이나 화장품 등 효과에 민감한 제품군들은 나중에 법적으로도 문제가 될 수 있다.

또 과일이나 생선, 고기, 가전제품, 전자 기기 등을 판매할 때 실제 배송되는 상품보다 훨씬 크고 신선한 물건을 보여주거나 실제 상품보다 성능이 훨씬 우수한 제품을 방송으로 보여주는 행위는 시청자 신뢰를 잃기 딱 좋은 상황이다.

오프라인 가게에서도 한 번은 속아서 살 수는 있겠지만, 나를 속인 가게에 두 번은 가지 않는 게 소비자이다. 1인 라이브 커머스 셀러라면 단발적인 이벤트 등을 통해 속된 말로 '치고 빠지는' 팔이피플이 아니라, 시간이 좀 걸리더라도 시청자들에게 절대적인 신뢰를 쌓아 '저 사람이 파는 거라면 당연히 믿을 수가 있지'라는 신뢰가 생기도록 해야 한다.

라이브 커머스 셀러는 인성도 중요하다?

라이브 커머스 플랫폼 회사 '그립GRIP'의 김한나 대표와 인터뷰를 할 기회가 있었다. "라이브 커머스 셀러가 갖추어야 할 가장 중요한 자질은 무엇이라고 생각하세요?"라는 질문을 했는데, 네이버를 박차고 나와 스타트업을 시작한 당차고 야무진 김한나 대표는 "인성이요"라는 의외의 답을 했다. "인성이요?"라고 되묻자 그녀는 이런 대답을 내놓았다.

"1인 방송 커머스는 무엇보다도 고객과의 소통과 실시간 고객 응대가 중요한데요. 방송하다 보면 셀러들에게 짓궂은 요구나 무례한 내용의 댓글이 종종 있어요. 이럴 때 셀러의 성격과 인성이 나온다고 생각해요. 셀러가 어떻게 대처하느냐에 따라 방송의 분위기와 채널의 호감도뿐 아니라 매출도 좌우될 수 있죠. 이때 저는 셀러의 인성이 가장 큰 영향을 미친다고 보거든요."

듣고 보니 정말 일리 있는 말이다. TV홈쇼핑에서도 대본 없이 1시간 동안 본인의 언어로 라이브 방송을 하다 보면 숨기려야 숨겨지지 않은 쇼호스트의 본 모습이 나올 때가 있다. 이런저런 말을 하다 보면 미처 필터링이 되지 못한, 갑자기 평소에 쓰던 비속어나

욕이 툭 튀어나오거나 쇼호스트의 평소 가치관이 드러나는 말을 하기도 한다.

TV홈쇼핑도 이러한데, 바로바로 고객과 소통하면서 판매해야 하는 1인 라이브 커머스 방송에서는 훨씬 더 셀러의 성격이나 인성이 많이 드러날 수밖에 없다. 곤란하거나 불쾌한 댓글에 관해서는 재치와 순발력으로 대처하되, 기본적으로는 예의를 갖추고 시청자들과는 진정성 있게 친해지는 것이 중요하다.

자신만의 콘셉트를 만들어라

상품에도 차별화된 판매 포인트인 USPUnique Selling Point가 있듯, 상품을 판매하는 사람도 자신만의 USP가 필요하다. 셀러의 USP는 고객에게 어필할 수 있는 일종의 브랜드이자 콘셉트이다. 우리가 어떤 가게를 생각했을 때 '카페처럼 분위기 좋고 주인이 상냥한 집' '주인이 친근하고 서비스가 좋은 집' '서비스는 별로지만 좋은 물건을 합당한 가격에 팔며 장사하는 집' 등등 떠오르는 이미지가 있을 것이다. 1인 라이브 커머스라는 것도 일종의 1인 마켓이기에 내 가게의 콘셉트가 필요하다. 1인 라이브 커머스에서 그 콘셉트는 결국 '셀러의 콘셉트'이기도 하다.

셀러로서의 내 콘셉트는 어떻게 만들면 될까? 라이브 방송은 실제의 나를 숨기려야 숨길 수 없이 잘 드러나기 때문에 콘셉트를 만들어 놓고 매번 내가 거기에 맞추기는 대단히 어렵다. 셀러로서의 콘셉트는 본래의 내 모습 중 여러 사람 가운데 나를 구별해 줄 수 있는 특징이다. 그러니 시청자가 호감을 느끼고 매력적이라고 생각하는 이미지를 일관성 있게 유지해야 한다.

콘셉트를 만드는 가장 좋은 방법은 내가 가지고 있는 장점과 자질, 능력, 취향, 개성, 추구하는 바 등을 종이 위에 있는 대로 다 써 보고 그중 가장 중요한 2~3가지를 선택해 하나의 문장으로 만들어 보면 된다. 그래서 셀러 자신을 소개할 때 수식어로 이 한 문장의 콘셉트를 붙여 주기도 한다. 다음 예시를 통해 살펴보자.

예1) 타고난 패션 감각, 친근함, 사투리

⇨ 옷을 기가 막히게 잘 골라주는 사투리 쓰는 친절한 셀러

예2) 텐션이 높음, 유쾌함, 노래를 잘함

⇨ 볼 때마다 기분 좋아지고 노래도 잘 불러주는 흥 많은 셀러

예3) 차분함, 논리적, 신뢰감 가는 비주얼

⇨ 상품 설명을 귀에 쏙쏙 잘 들어오게 해주는 믿을 수 있는 셀러

예4) 직접 생산, 정직함, 인심 좋음

⇨ 믿을 수 있는 상품을 싸게 판매하는 인심 좋은 셀러

나는 장점이 없는 사람이라고 생각하면 내 장점을 하나도 찾을 수 없지만, 찾으려고 마음먹으면 장점도 무한정 나올 수 있다. 나 자신에 관해 스스로 긍정적인 마음을 가지고 있어야 나의 USP를 예리하게 찾을 수 있고, 이를 바탕으로 자신감이 생길 수 있다.

이 자신감은 나의 USP로 드러나 상품의 이미지에도 시너지를 줄 수 있다. 최근 모 개그맨이 1인 라이브 커머스에 도전해 성공적인 사례를 만들었다. 그는 평소에도 거침없는 입담을 소유한 직설화법 캐릭터로 유명한데, 판매 방송에서도 그 캐릭터는 여전하다. 눈치 보지 않고 할 말 다 해 시청자들을 통쾌하게 하는 재미있는 셀러이다 보니 그의 판매 방송은 항상 시청률이 높고 판매 실적도 월등히 좋다고 한다.

이렇듯 '누구' 하면 떠오르는 셀러로서의 나만의 특징과 콘셉트가 있다면 판매 방송에서 '재미와 신뢰' 두 마리 토끼를 다 잡을 수 있지 않을까?

라이브 커머스, 어떤 플랫폼으로 시작해야 할까?

인스타그램, 페이스북, 유튜브 등의 SNS 채널은 1인 방송 커머스를 하기에 최적의 플랫폼이다. TV홈쇼핑처럼 불특정 다수를 상대하지 않고, 자신의 구독자나 팔로워를 대상으로 상품 판매를 하기에 고객의 성향을 파악하기가 쉽다. 다만 아직은 결제를 위해 결제 링크를 만들어 따로 고객이 찾아가도록 하는 불편함은 감수해야 한다.

모바일 라이브 커머스를 위한 플랫폼도 다양해졌으니 활용해 볼 만하다. '네이버의 쇼핑라이브' '카카오 커머스의 카카오쇼핑 LIVE' 등 대형 온라인 업체뿐 아니라 롯데백화점, 스타일쉐어, CJ 올리브네트웍스, 쿠팡, 티몬, 11번가, 인터파크 등 온·오프라인 유통회사, 그리고 라이브 커머스 전문 플랫폼인 '그립GRIP'과 '소스라이브Saucelive'와 VOGO 등 여러 업체가 있다.

이런 플랫폼들은 라이브 커머스 방송을 시청하며 상품 결제까지 할 수 있기에 시청자 입장에서는 사용이 편리하다. 게다가 셀러의 SNS 팔로워와 상관없이 플랫폼 자체가 보유한 유저들을 상대로 방송하기 때문에 셀러로서는 상품 판매가 훨씬 수월하고 수익적인 면에서도 도움이 될 수 있다. 다만 회사별로 입점 기준이 조금씩 다르고 판매 수수료도 내야 하는데, 그 기준 역시 계속 변경될 수 있다. 그러니 셀러 본인의 상황에 가장 잘 맞고, 오랫동안 잘할 수 있는 플랫폼을 골라 1인 방송 라이브 커머스를 시작해 보자.

곰처럼 공부해서 여우처럼 팔자

내가 매주 놓치지 않고 보는 TV 예능프로그램 중 하나가 〈백종원의 골목식당〉이다. 알다시피 이 예능프로그램은 요식업의 대부 백종원 대표가 전국의 죽어가는 골목 상권을 찾아다니며 폐업 위기에 처한 음식점 사장님들에게 솔루션을 제공해 기사회생시키는 프로그램이다. 다 죽어가던 사람이 명의를 만나 새 생명을 얻는 드라마틱한 의학 드라마만큼 매주 흥미롭게 시청하고 있다.

사람 좋아 보이는 백종원 대표가 방송 중에 가끔 음식점 사장님들에게 호랑이처럼 무섭게 화를 낼 때가 있다. 대표적인 몇 가지 사례를 꼽는다면 본인은 잘 먹지도 않고 좋아하지도 않는 메뉴를 장사가 될 것 같아 파는 경우, 맛에 관한 연구 없이 자기 입맛에 맞으면 된다는 식으로 노력하지 않는 경우, 경쟁 식당들이 어떤 메뉴를 어떻게 만들어 얼마에 판매하는지에 대한 분석이 안 된 경우, 아무리 솔루션을 해줘도 본인 고집만 부리거나 하던 대로 다시 돌아가는 경우 등등이다.

음식도 본인이 좋아하고 잘 먹는 것을 팔아야 계속해서 맛에 대한 업그레이드가 되고 발전이 있다. 그리고 내가 만든 음식에 관한 고집도 필요하지만, 더 나은 맛을 찾기 위해 밤낮으로 고민하고 연구하며 장사가 잘되는 곳은 왜 그런지 맛이나 서비스에 관한 철저한 분석이 필요하다는 말이다. 다시 말해, 하던 관성대로 해서는 결코 그 굴레에서 벗어날 수 없다는 의미이다.

방송을 통해 상품을 파는 것도 마찬가지라고 생각한다. 라이브 커머스 방송을 보면 철저하게 준비하여 상품에 관해 기가 막히게 설명해 유입된 시청자들이 어떻게든 살 수밖에 없도록 만드는 셀러가 있는가 하면, 어떤 셀러는 '상품을 제대로 알고는 있는 건가?' 하는 의문이 들 정도로 준비가 되지 않은 셀러도 있다. 노력 없이 타고난 말재주 하나만 믿고 대충 방송하는 셀러들은 상품이 잘 팔리지 않으면 상품 탓이나 시간 탓으로 책임을 돌릴 확률이 높다. 본인이 시청자를 설득하지 못했음을 인정하지 못한다.

물론 마케팅에 타고난 감이나 촉을 가지고 있어 큰 노력 없이 판매 방송을 하는 사람을 가끔 보기도 한다. 그들은 무엇을 보여주고 어떤 말을 하면 사람들이 관심을 두고 지갑이 열리게 되는지를 귀신같이 잘 안다. 하지만 대부분 사람은, 특히나 세일즈를 처음 하는 사람은 그런 귀신 같은 촉을 갖기가 쉽지 않다.

방송을 통해 상품을 파는 일은 고난도의 설득이 필요한 일이다. 고객이 이 상품을 왜 사야 하는지에 관한 명분과 필요성을 느끼지 못하면 고객은 절대 지갑을 열지 않는다. 특히 모바일로 상품을 주로 구매하는 요즘 20~30대는 트렌드에 민감해 더더욱 공부와 노력이 필요하다. 판매하는 상품에 관해서는 완전히 박사님 도사님 천지신명님이 되어야 한다. 내가 낳은 자식인냥 좋은 점도, 나쁜 점도 다 꿰고 있어야 한다. 설령 방송에서 그 모든 점이 고객들에게 설명할 필요가 없는 TMI Too Much Information, 너무 과한 정보라고 해도 다 알고 있어야 한다.

그리고 내 상품은 물론 경쟁 상품과 트렌드에 관한 분석도 철저하게 해야 한다. 경쟁 상품과 트렌드를 모르고 내 상품만 팔아 봤자 우물 안 개구리처럼 고객들이 무얼 원하는지, 다른 상품과 비교했을 때 어떤 경쟁력이 있는지 모르고 계속 헛발질하는 셈이 된다.

라이브로 시청자와 소통하면서 물건을 판매할 때는 시청자가 언제, 어떤 질문을 하게 될지 모른다. 의미 있는 질문에 관해 판매자가 제대로 답하지 못한다면 신뢰가 생기지 않거나 무너질 수 있다. 이렇게 상품에 관한 연구와 분석이 되어야 어떤 세일즈 포인트로 공략할지 전략을 세울 수 있다. 곰처럼 우직하게 공부하고, 여우처럼 똑똑하게 팔자.

WHO	누구에게 팔 것인가?	타겟 설정하기
WHY	이 상품을 왜 사야 하는가?	구매 이유 찾기
WHAT	이 상품의 특징은 무엇인가?	특징 · 장점 · 단점 찾아 구매력을 자극하는 셀링 포인트 잡기
WHERE	시장 조사는 어디서 해야 하나?	온라인 오픈 마켓 · 백화점 · 마트 · 재래시장 등 검색과 방문 조사 등을 통해 현재 트렌드와 경쟁 상품 파악하기
HOW	어떻게 사용해야 하나?	사용 방법, 시연 방법, 조리 방법, 코디(패션) 방법 등을 능숙하게 시연할 수 있게 연구하고 연습하기

라이브 판매 방송을 위한 '4W 1H' 공부 방법

쇼호스트 후배들이나 지망생들, 라이브 커머스 입문자들이 가장 흔하게 하는 질문 중 하나가 "상품에 관한 공부를 많이 하라고 하는데, 도대체 어떻게 공부해야 하나요?"이다. 책상머리에 앉아 인터넷으로만 검색해도 되는지, 아니면 다른 방법도 있는 건지 등 많이들 공부 방법에 대해 궁금해한다. 이제 막 판매 방송을 시작하려는 '왕초보'라면 무조건 철저한 준비와 공부는 필수이다. 그래서 초급자들을 위해 〔'4W 1H'으로 하는 상품 공부 매뉴얼〕을 만들었다. 이것만 기억하고 이대로만 준비한다면 판매 방송 준비는 거의 다 했다고 볼 수 있다.

예를 들어 보자. 만약 〈멋 내기용 ○○○ 염색제〉를 인스타그램 라이브를 통해 판매할 계획이라면 '4W 1H'를 기준으로 다음과 같이 상품 공부 계획을 세울 수 있다.

판매 상품 : 멋 내기용 ○○○ 염색제

판매 플랫폼 : 인스타그램 라이브

- WHO(타겟 설정)

  인스타그램을 주로 사용하고, 트렌드에 민감한 20~30대 여성들을 주요 타겟으로 삼는다.

- WHY(구매 이유)

  헤어 컬러를 바꾸고 싶을 때마다 헤어숍을 가야 하는 경제적 · 시간적 부담, 기분이나 옷차림, 계절 등에 따라 마음대로 헤어 컬러를 바꾸고 싶은 마음, 헤어 컬러가 인상에 주는 영향 등등의 니즈를 연구한다.

- WHAT(상품 특징)

  암모니아가 들어 있지 않고 자연 유래 성분으로 구성되어 있어 두피에 자극적이지 않음, 간편한 방법으로 짧은 시간에 염색할 수 있음, 컬러가 자연스럽고 예쁨, 얼룩이 생기지 않게 염색이 잘 됨, 1회당 비용이 7,000원 정도라 저렴하고 부담이 없음 등 상품의 장점과 브랜드 스토리, 가격 조건 등을 파악하여 셀링 포인트를 세운다.

• WHERE(시장 조사)

마트, 홈쇼핑, 홍대나 가로수길 등에서 셀럽들이 방문하는 헤어숍 등을 방문하거나 온라인 오픈 마켓과 연예인 이미지 검색 등을 통해 최신 트렌드를 조사하고, 단골 헤어숍의 친한 디자이너가 있다면 요즘 고객들이 멋 내기용 염색을 할 때 제일 원하는 점은 무엇인지, 염색을 해주는 입장에서는 어떤 점이 가장 신경 쓰이는지 등등을 물어보며 시장을 분석, 내가 판매할 상품이 시장에서 퀄리티나 조건 면에서 어떤 경쟁력이 있는지 조사한다.

• HOW(시연 방법)

판매 전에 먼저 셀프 염색이나 헤어 피스로 시연 연습을 하여 짧은 시간 안에 간단하고 깔끔하게 염색되는 모습을 효과적으로 보여줄 수 있게 한다. 특히 잘못하면 손에 묻어 점점 손이 머리카락과 같은 색으로 물들 수 있으니 이런 부분은 좀 더 신경 쓴다. 시연 단계에서 셀러가 미리 충분히 연습하지 않으면 방송에서 시청자들에게 어설퍼 보이게 되고, 이는 셀러의 말에 설득력을 잃게 되는 길로 연결됨을 명심하자.

상품 소싱과 재고 문제

팔 상품이 없다고?

1인 방송 라이브 커머스 역시 TV홈쇼핑과 마찬가지로 상품 선정이 방송 준비의 반이다. 그럼 1인 방송 라이브 커머스에서는 어떻게 판매 상품을 정할 수 있을까? 다음 3가지 방법을 소개한다.

첫째, 직접 제품을 제조하거나 생산한다.

즉, 생산자나 상품 공급자가 본인의 상품을 방송으로 직접 판매하는 것이다. 산지에서 본인이 직접 재배해 수확한 농작물이나 수산물을 판매하거나 취미로 만드는 공예품이나 먹거리 종류를 판매하는 것도 아주 좋은 방법이다. 1인 방송 라이브 커머스에서는 이 방법이 가장 이상적이고 취지에도 맞다. 상품에 관해 누구보다 설명을 잘할 수 있을 뿐만 아니라 수익 창출에도 도움이 된다. 그렇다고 해서 1인 방송 라이브 커머스를 위해 초보자가 상품 제조에 뛰어드는 건 위험부담이 크다.

둘째, 소싱Sourcing, 대외구매한다.

베이비 페어나 생활용품 박람회 등으로 발품을 팔며 라이브 커머스로 판매할 좋은 제품을 찾는 것이다. 부지런히 돌아다니며 찾다 보면 시중에는 잘 알려지지 않은 상품성 있는 제품을 발굴할 수도 있다. 판매하고 싶은 상품을 해외에서 소싱하거나 제조사를 찾아가 직접 소싱하는 방법도 있다. 그렇지만 소싱은 마진을 높이는 장점이 있지만, 제조사에 바로 연락해 '제품을 팔아줄 테니 달라'라고 하면 제조사 입장에서는 셀러에 관해 알지 못하는 상태라 상품을 주지 않을 확률이 높다. 더군다나 대부분 제조사가 대량 구매를 원하므로 초반에 목돈을 써야 한다는 것과 재고 관리에 대한 부담이 있다. 특히 해외 소싱의 경우는 인증 등의 복잡한 절차까지 있다. 그러니 1인 방송 라이브 커머스를 처음 시작하는 단계에서는 권하지 않는다.

소싱 단계에서 가장 안전하고 부담 없는 방법은 온라인 쇼핑몰처럼 도매 시장에서 저렴한 가격으로 샘플을 산 후 그 상품들로 방송을 하고, 주문이 들어오는 대로 도매 시장에 추가 주문을 하여 판매하는 방법이 있다. 이보다 더 접근하기 쉬운 방법은 '도매꾹' '도매토피아' '오너클랜' '셀러오션' 같은 도매사이트에서 괜찮은 제품을 찾아 판매해보는 것이다. 이런 도매사이트를 통하면 수익이 줄어드는 단점이 있지만, 소싱에 관한 부담이 낮아 초보자도 쉽게 시도할 수 있는 장점이 있다. 본격적인 1인 방송 라이브 커머스 전에 연습 삼아 해볼 만한 방법이기도 하다.

소싱의 또 다른 방법은 산지를 찾아가는 것이다. 지인인 P는 1인 방송 라이브 커머스로 농수산물을 전문적으로 판매하는데, 꽤 성과가 있다. 그녀는 전국의 산지를 돌아다니며 판매할 좋은 상품을 직접 발굴한다. 산지에서는 아무래도 가격 경쟁력이 있으니, 이를 직접 산지에서 페이스북 라이브로 생산자와 함께 라이브 커머스를 진행한다. 이렇게 라이브 방송을 통해서도 상품 판매가 이루어지지만, 개인 SNS 계정에 홍보 글과 함께 본인이 직접 먹거나 사용하는 영상을 올리면서 꾸준히 매출을 늘리고 있다. 나도 그녀의 방송을 보고 통영 굴을 산 적이 있었는데, 개인적으로 만족도가 높았다. 최근에 P는 그동안 열심히 노력한 덕분에 청년 창업자들을 위한 국가 지원금까지 받으며 모바일 커머스 1인 기업의 대표가 되어 왕성하게 활동하고 있다.

셋째, 위탁판매한다.

기업이나 생산자의 상품을 1인 방송 셀러가 대신 판매해 주고 판매 수수료나 출연료를 받는 방법이다. 셀러 본인의 SNS에서 팔로워들을 대상으로 판매하는 방법과 라이브 커머스 플랫폼에서 유저들을 대상으로 판매하는 방법이 있다. 대표적으로 '네이버 쇼핑라이브'와 라이브 커머스 전문 플랫폼 '그립GRIP'이 있는데, 네이버 쇼핑라이브는 입점 업체의 직접적인 요청으로 셀러가 판매를 대행할 수도 있고, 그립GRIP은 입점 업체와 판매 대행을 원하는 셀러를 연결해 주는 다리 역할을 하기도 한다. 최근 오픈한 '쿠팡 라이브'는 판매자가 직접 라이브 판매 방송을 할 수도 있지만, 전문 셀러뿐 아니라 일반인들도 일정한 심사 기준만 통과하면 입점 상품을 본인이 선택하여 판매 대행 셀러로 활동할 수 있다.

플랫폼 업체는 아니지만 상품을 소싱해 셀러와 연결해 주고 셀러의 SNS 또는 라이브 커머스 플랫폼에서 판매하도록 해 발생한 이익을 나누는 대행사도 요즘은 많이 생겨나는 추세이다. 이러한 판매 대행 셀러는 TV홈쇼핑의 쇼호스트와 같은 역할을 한다고 보면 된다.

재고 관리, 어떻게 해야 할까?

제조사나 상품 공급자가 방송을 직접 하는 경우라면 이미 만들어 놓은 상품을 판매하거나 주문을 받은 후 제작해 배송하면 되니 큰 문제가 되지 않는다. 하지만 판매 대행을 하는 셀러라면 그렇지가 않다. 일반적으로 이런 상황에서는, 특히 라이브 커머스가 시작 단계라면 제조사에 상품부터 미리 대량으로 매입하지 않는 것을 추천한다. 훨씬 저렴하게 상품을 확보할 수 있어 이익을 높일 수 있는 장점이 있긴 하지만, 얼마나 팔릴지 모르는 상황에서 물량을 쌓아 놓고 판매했다가 잘 팔리지 않으면 셀러가 고스란히 재고로 떠안아야 한다.

제품력이 있고 고객 반응도 좋으면서 공간을 많이 차지하지 않고 유통기한이 없는 상품이라면 시간이 걸리더라도 재고 소진 시까지 판매 방송을 할 수 있다. 하지만 이런 상황은 베테랑 셀러라도 쉽지 않다. 판매 방송을 시작하는 단계에서는 고객의 반응을 예측하는 것 자체가 어렵고, 모바일 판매의 주 타깃인 20~30대의 특성상 트렌드에 민감하므로 아무리 좋은 제품이라고 해도 트렌드가 지나면 판매하기가 더욱더 어려워진다.

현재 나와 친분이 있는 1인 방송 셀러 대부분은 판매 물량을 쌓아두고 판매하는 전략을 사용하지 않는다. 판매는 셀러가 하고, 방송 후 받은 주문 명세를 모아 공급 업체로 발주하거나 공급업체로 연결되는 링크를 이용해 상품 결제까지 이루어진다. 이렇게 하면 포장과 배송, 재고 문제도 업체에서 책임을 지게 된다.

그렇다고 해서 셀러는 고객들에게 팔기만 하고, A/S나 CS Customer Satisfaction, 고객 만족 등의 사후관리 문제에 발을 빼는 모습을 보여서는 안 된다. 자신의 상품을 파는 마음으로 끝까지 온 힘을 다해 문제가 해결되도록 노력해야 하고, 그렇게 해야 셀러에 관한 신뢰가 생긴다. 상품을 공급하는 업체는 1인 방송 셀러가 TV홈쇼핑만큼의 채널 파워는 없다 해도 부담 없는 수수료로 또 하나의 판로가 생겨 좋고, 판매 대행을 한 셀러는 열심히 팔수록 판매 수수료를 벌 수 있으니 상품 공급자나 셀러 모두 윈-윈 하는 셈이다.

셀러의 이익은 상품의 마진이나 셀러의 판매 능력에 따라 상품 공급자와 협의 후 결정하면 되는데, 플랫폼 수수료가 발생하거나 이익을 나누는 제삼자가 더 있다면 셀러의 판매 대행 수수료가 더 낮아질 가능성이 있다.

팔기 좋은 상품은 어떤 상품일까?

판매하기 가장 좋은 상품은 본인이 직접 농사를 지어 수확하거나 제작한 상품 등이 가장 좋다. 셀러 스스로 상품에 관한 장점을 누구보다도 잘 파악하고 있을 뿐 아니라 품질에 관한 확신까지 가지고 있기에 방송에서 진정성 있는 멘트가 나오고, 고객들도 그걸 느낄 수 있다. 그렇지 않다면 셀러가 써보았거나 먹어본 상품 중에 좋았거나 맛있어서 주위에도 소개하고 싶은 상품이 좋다. 그렇다고 너무 주관적인 기호로 선택해서는 안 된다. 남들도 좋아할 만한 것, 요즘 트렌드에 맞는 상품으로 선택한다.

1인 방송 라이브 커머스에서 팔지 못하는 상품은 없다. 하지만 크기가 너무 커 화면에 잡히지 않을 정도거나 대중적으로 사람들이 잘 모르는 생소한 아이템 혹은 어디서나 볼 수 있는 기성품 등 가격 경쟁력이 없거나 실체가 없는 무형의 상품은 판매하기가 어렵다. 인플루언서나 셀럽이 아니라면 가격이 너무 고가여도 판매가 힘들다. 처음에는 3~4만 원대 정도의 부담 없는 가격대에서, 누구나 알 만한 카테고리의 상품이지만 기존 제품보다 몇 가지 차별화된 포인트가 있거나 시각적으로 보일 수 있는 상품을 선택하는 것이 좋다.

농수산물 등의 지역 특산물이나 간편식, 간식 등의 식품은 고객들이 부담 없이 살 수 있는 아이템이다. 또는 화장품, 마스크팩, 샴푸, 바디워시 등의 미용 제품이나 귀걸이나 목걸이 등의 주얼리 제품은 한 대의 카메라로 보여줄 수 있는 작은 크기에 고객들이 바로 인지할 수 있으면서 흥미를 끄는 좋은 아이템이다. 옷은 의류 매장이나 온라인 쇼핑몰 혹은 의류 공장을 운영하며 자체 제작하는 사람들이 쉽게 시도해 볼 만하다. 가방, 액세서리, 공예품 등 만든 이의 개성이 드러나는 수공예품이나 빵, 쿠키, 만두, 돈가스 등 수제 식품 등은 본인이 직접 만드는 과정을 방송을 통해 실시간으로 보여주며 판매하는 방법도 있다.

특히 음식의 경우 시청자의 흥미를 끌면서 상품의 신선도와 위생을 강조하며 판매할 수 있는 장점이 있다. 이런 수제 상품들은 시장가격이 명확하게 형성되어 있지 않기에 가격 경쟁이 필요 없어 1인 방송 라이브 커머스의 취지에 더 적합하다고 볼 수 있다.

여수에서 휴대전화 판매 매장을 운영하던 S는 코로나19로 손님의 발길이 끊기자 결국 매장을 정리했다. 생계가 막막했던 S는 여러 가지 구상을 하다 어느 날 저녁 식사 중에 어머니가 담근 김치에 시선이 꽂혔다. '그렇지! 이 김치를 팔아봐야겠다.'

그 후 저녁 식사 때마다 어머니가 직접 담근 배추김치, 총각김치, 깻잎김치, 갓김치, 오이소박이 등 각종 김치를 식탁 위에 차려놓고 먹으며 라이브 커머스를 시작했다. 나 역시 S가 판매하는 김치를 주문해 먹어보았다. 반찬가게에서 사 먹는 김치보다 훨씬 좋은 재료를 사용하고 가격도 더 저렴하면서 전라도 어머니의 손맛까지 느껴지는 맛깔스러운 김치였다. S는 용기 내어 시작한 김치 라이브 커머스 덕분에 몇 달 만에 단골이 꾸준히 늘어 지금은 수입도 꽤 안정적이라고 한다.

한 라이브 커머스 플랫폼 채널에서 젊은 남성 셀러 2명이 섬유향수를 판매하는 방송을 본 적이 있다. 그들이 직접 만들었다고 해서 더 관심이 갔다. 컬러도 알록달록 예뻤고 향에 대한 설명도 자세했으며 성분 역시 안심할 수 있어 쌍둥이의 크리스마스 선물로 2개를 주문했다. 가격은 배송비까지 합쳐 4만 원이 채 되지 않았던 듯하다. 긴가민가하며 주문했지만, 상품 만족도는 높았고 향후 재구매 의사도 있다.

이렇게 처음에는 저가 상품으로 시작해 고객들이 부담 없이 '한번 사볼까?' 하는 마음이 들도록 했다가, 점점 신뢰가 쌓이고 노하우가 생기면 가격대가 조금 더 높은 상품을 판매하는 편이 좋다.

방송 준비하기

갖추어야 할 방송 장비

라이브 커머스는 TV홈쇼핑처럼 전용 스튜디오에서 전문 장비를 사용해서 방송하는 것이 아니다. 휴대전화 카메라로 바로 방송을 송출하기 때문에 휴대전화와 휴대전화용 삼각대만 있으면 된다. 만약 장소를 옮겨 다니거나 현장 모습을 보여줄 때는 셀카봉을 준비하면 좋다.

만약 방송하는 장소가 밝지 않거나 비주얼 상품을 판매해야 할 때는 카메라 앞에 조명이 있으면 훨씬 선명하고 예뻐 보인다. 그리고 카메라와의 거리가 멀거나 야외이거나 셀러의 목소리가 작은 편이라면 마이크를 착용하는 것도 방법이다.

촬영하는 휴대전화의 액정 크기가 작아 댓글을 보기가 어렵다면 본인 앞에 여분의 휴대전화나 태블릿PC를 두면 시청자와의 댓글 소통이 더 원활할 수 있다.

방송 시작 전, 꼭 확인해야 할 10가지

하나, 방송 예고하기

1인 방송 라이브 커머스 며칠 전에 미리 방송 예고를 해서 구매 의사가 있는 사람들이 방송 시간이 맞추어 상품을 살 수 있도록 한다.

둘, 상품 수량 준비하기

상품은 설명용과 디스플레이용 각각 따로 준비한다. 고객의 요청에 따라 계속해서 시연이나 시식을 보여주어야 할 수도 있으니 수량을 넉넉히 준비한다.

셋, 상품 상태 점검하기

상품의 상태 점검은 미리 꼼꼼하게 해놓는다. 식품의 경우는 최대한 신선하고 생생하게 보이도록 하고 뜨거운 음식은 뜨겁게, 시원한 음식은 시원한 상태가 유지될 수 있도록 한다. 작동하는 모습을 보여주어야 하는 상품은 정상 작동이 되는지 미리 점검하고, 의류는 구김이나 올 풀림이 없는지 미리 확인한다(p.129 '상품마다 잘 맞는 판매 방법이 따로 있다' 참조).

넷, 방송 환경 정리하기

상품이 더욱 돋보일 수 있도록 배경이나 매대 등 방송을 통해 보이는 부분은 깔끔하게 정리한다. 시각적인 면이 첫인상뿐 아니라 상품의 이미지까지 좌우할 수 있으니 특별히 좀 더 신경을 쓰는 편이 좋다.

다섯, 촬영 카메라 점검하기

카메라 작동 방법과 카메라 상태 등을 미리 확인한다. 방송 중에 사용할 휴대전화와 노트북, 태블릿 PC 등이 있으면 함께 점검한다. 특히 휴대전화는 좀 더 신경 써야 하는데, 다른 애플리케이션 알림은 미리 무음으로 설정하고, 자동 화면 꺼짐 시간도 수정해 라이브 방송에 지장이 없도록 한다.

여섯, 카메라 위치와 오디오 체크하기

카메라와의 거리를 결정하여 미리 위치를 세팅해 놓는다. 방송이 시작된 후 카메라를 자꾸 움직이거나 만지면 시청자의 집중력이 떨어져 산만해진다.

오디오 역시 미리 체크한다. 마이크를 사용하는 경우라면 마이크가 제대로 작동되는지 체크하고, 마이크를 사용하지 않는다면 어느 정도 크기의 목소리를 내야 시청자들에게 소리가 잘 전달될지도 미리 확인한다.

일곱, 이동할 때 카메라 동선 체크하기

한자리에 앉아서 방송하는 게 아닌, 이리저리 움직이면서 방송을 진행한다면 미리 동선을 체크한다. 카메라를 요리조리 들고 다니며 방송해야 한다면 영상이 지나치게 흔들리지 않도록 하고, 보여주고 싶지 않은 부분이 나오지 않도록 카메라를 움직이는 방향이나 위치, 속도 등을 미리 연습해 본다.

여덟, 셀러 자신의 비주얼 점검하기

의상, 헤어 스타일, 메이크업, 손톱 등이 상품 콘셉트에 맞는지 체크한다. 특히 식품 방송의 경우 깔끔하고 위생적으로 보이는 것이 중요하므로 지나치게 짙은 화장이나 나풀나풀 흩날리는 머리카락, 손질되지 않은 긴 손톱 등은 지양해야 한다.

식품을 손으로 만져야 하는 상황이라면 미리 위생 장갑을 준비한다. 주얼리와 같이 미적 가치를 보여주어야 하는 방송에서는 손톱 상태가 깔끔하지 않다면 트위저핀셋 등의 도구를 활용하는 편이 더 좋다.

아홉, 상품 정보 숙지하기

용량, 가격, 구성, 상품명, 제조사, 유통기한, 섭취 방법, 보관 방법, 사용 방법 등 상품의 주요 정보는 방송 전에 다시 한번 완벽하게 숙지한다. 방송을 시작한 후 갑자기 상품 이름이 생각나지 않거나 주요 정보 등이 헷갈릴 때가 종종 있을 것이다. 1인 방송에서는 자연스럽게 커닝 메모를 찾아볼 수도 있겠지만, 소비자에게 셀러의 신뢰를 높이기 위해서는 방송 전에 기본 정보는 잘 외워 방송에서 자신감 있게 소개하는 편이 좋다.

열, 방송 시작 전 준비운동 하기

입과 혀의 긴장 풀기, 발음 연습, 스트레칭 등 준비운동을 한다. 1인 방송에서는 혼자 모든 걸 준비하다 보면 막상 진행자로서의 준비는 부족한 채 허겁지겁 방송을 시작할 때도 있다. 준비운동을 충분히 한 후 방송에 임하면 긴장도 덜 하고 자신감도 더 생겨 방송이 더욱더 원하는 대로 잘 될 것이다.

언제, 어디에서 방송해야 더 잘 팔릴까?

상품이나 방송 콘셉트에 따라 달라질 수 있는데, 밝고 안정적인 조명 아래에서 상품의 디테일한 부분까지 보여주어야 하거나 소음이 없는 환경이 필요한 전자 기기 같은 경우에는 실내에서 판매 방송을 하는 편이 좋다.

반면 농수산물이나 식품 등의 신선식품은 산지 또는 제작 현장이나 오프라인 매장에서 판매 방송을 하면 훨씬 생동감 있게 보이고 소비자의 신뢰 또한 높아진다. 요즘은 백화점이나 오프라인 매장에서 '매장 털기' '매장 투어' 등의 형식으로 이루어지는 예능형 1인 방송 라이브 커머스 콘셉트가 트렌드이기도 하다.

또 계절의 특성을 살려야 하는 상품은 일기예보에 따라 방송 날을 잡는 편이 좋다. 예를 들어 미세먼지 방지 마스크는 공기 중 미세먼지 농도가 높은 날, 곧 한파가 몰아친다고 하면 손난로나 방한모자, 장마가 끝난 후 무더위가 시작되기 전에 휴대용 선풍기 등을 판매한다면 현장의 분위기를 전하면서 해결 방법까지 제시할 수 있으니 좋은 전략이 될 수 있다.

얼마나 자주 방송해야 더 잘 팔릴까?

앞서 '친근함의 긍정 효과'(p.50)에서도 설명했지만, 사람은 낯선 사람보다 자주 만나 익숙한 사람을 더 좋아한다. 좋아하면 믿게 되고, 믿게 되면 설득하기도 더 쉬워진다. 그래서 '1인 방송 라이브 커머스'에서는 방송 횟수나 주기의 정답은 없지만, 될 수 있는 대로 자주 방송하는 것을 추천한다.

그리고 그보다 더 중요한 점은 일정한 주기대로 꾸준히 방송하는 것이다. 1인 방송뿐만 아니라, 인스타그램, 페이스북, 유튜브, 블로그 등 홍보 채널로 사용하는 모든 SNS 활동도 꾸준하고 성실하게 하면 '1인 방송 라이브 커머스'로서의 성공 가능성은 더욱 올라갈 것이다.

매출을 높이는 11가지 판매 전략

하나, 설득으로 향하는 6단계

요즘 1인 라이브 커머스 방송에서 판매 상품은 앞에 덩그러니 놓아둔 채 상품과 관련된 정보는 거의 말하지 않고 시청자와 신변잡기 수준의 댓글 소통만 하면서 사적인 이야기만 늘어놓는 셀러를 종종 보게 된다. 개인 방송이니 누가 뭐라고 할 수는 없지만, 이렇게 방송하면서 “왜 내 방송에서는 상품이 팔리지 않는지 모르겠다!”라거나 “상품이 경쟁력이 없어서 안 팔린다!” 등의 말은 하지 않았으면 한다.

인플루언서나 셀럽은 그들이 사용한다는 이유만으로도 이슈가 되고 대박이 날 수 있지만, 일반인들은 그렇지가 않다. 상품이 좋으면서 저렴하다고 설명해도 대박은커녕 1~2개 팔기도 어렵다.

1인 방송은 본인의 '끼'가 더 많이 발휘될 수 있는 영역이다. 즐겁고 재미있으며 유쾌하게 방송하는 것은 좋지만, 그렇다고 브이로그처럼 단순하고 가볍게만 생각해서는 안 된다. 궁극적인 목표는 물건을 팔아 수익을 내는 것이기 때문이다. TV홈쇼핑 쇼호스트 못지않게 1인 방송 라이브 커머스 셀러도 시청자의 구매 결정을 유도하는 '설득의 고수'가 되어야 한다.

판매 방송에서는 시청자를 설득하기 위한 단계가 존재한다. 판매 방송을 잘하고 싶다면 반드시 그 기본기를 익혀야 한다. 상품의 종류나 진행 상황에 따라 순서는 달라질 수 있지만, 기본적으로 아래 6단계 과정은 판매 방송에서 시청자를 설득하기 위해 꼭 필요하다.

1단계, 호기심과 궁금증을 유발하자

설득을 위한 첫 번째 단계는 고객들의 흥미를 끌 수 있도록 본인이 판매할 상품에 관한 호기심과 궁금증을 유발하여 눈길을 끄는 단계이다. 동시에 방송의 첫인상을 좌우하고 시청자들의 시선을 잡아야 할 시간이기에 아주 중요한 단계이다. 내가 사용해 보니 좋은 상품이라는 확신이 있었기에 판매 방송을 진행해도 시청자들은 쉽게 지갑을 열지 않기 때문이다. 이 논리는 일반 방송이나 강의, 연설, 자기소개, 1인 방송 등에 모두 해당한다. 요즘 사람들이 모바일 화면이나 웹페이지에 머무는 시간이 약 6초 정도라고 한다. 이제는 재미가 없으면 긴 시간 인내심을 가지고 끝까지 지켜보는 것 자체가 어려운 시대이다. 판매 방송도 마찬가지이다. 그러니 초반에 "어? 이게 뭐지? 조금 더 볼까?"라는 생각이 들 수 있게 시청자들의 눈길을 잡아두어야 한다.

이때 '가장 강력한 셀링 포인트를 전면에 내세워 호기심을 유발하는 방법'이 있다. 예를 들어, 염색제(10개 1세트, 약 7만 원)를 판매한다면 어떻게 시청자의 호기심과 궁금증을 유발할 수 있을까? 다음과 같은 과정을 예로 들어 보자.

"7천 원으로 요즘 뭘 할 수 있을까요?"

(질문으로 시청자의 댓글 참여 유도)

⇩

"요즘은 카페에서 친구랑 커피 두 잔만 주문해도 8천 원이 넘죠? 팥빙수도 1만 원이 훌쩍 넘더라고요. 오늘은 제가 7천 원으로 실패 없이 여러분의 기분을 바꾸는 방법을 알려드릴게요! 바로 <○○ 염색제>입니다! 이 제품의 판매 가격은 7만 원인데요, 10개가 한 세트에요! 그래서 1회당 염색 비용이 7천 원!"

(가장 강력한 셀링 포인트로 시청자의 관심과 흥미 유발)

호기심을 유발하여 시선을 끄는 또 하나의 방법은 '임팩트 있는 질문을 던지는 방법'이다. 얼마 전 인스타그램 댓글을 확인하고 있는데, 인스타그램 친구 중 누군가가 라이브 방송을 시작했다는 알림이 떴다. 궁금한 마음에 들어가 봤더니 개인적으로 아는 사이는 아니지만, 최근에 인스타그램 친구가 된 사람이었다. 앳되고 건강미 넘치는 그녀는 인스타그램 라이브 방송으로 열대 과일 세트를 판매하고 있었는데, 하던 일도 있었기에 그만 그 방에서 나오려는데 그녀가 순간 나의 행동을 멈추게 했다.

"지금 보여드리는 이 열대 과일 세트, 제가 오늘 얼마에 팔까요? 맞추시는 분께 선물 드릴게요!"

통통 튀는 그녀의 돌발 퀴즈가 내 도전 정신에 불을 붙였다. 선물은 둘째 치고 일단 정답을 맞히고 싶은 마음이 불끈 솟았다. '4만 원' '4만 5천 원' '5만 원' 등 정답을 맞히고 싶은 시청자들이 앞다투어 댓글을 달았다. 그 가운데 나는 20년 경력의 쇼호스트로서 아주 짧은 시간 동안 모든 촉을 풀가동해 댓글로 '39,900원' 이라고 올렸다. 결과는 어땠을까?

순간 셀러가 많이 놀라는 듯한 모습이 보였다. 내가 너무 정확하게 맞춘 탓이었다. 선수가 여기서 이러면 안 되는 걸 알면서도, 랜선에서 퀴즈를 맞히니 이게 뭐라고 왠지 으쓱하고 기분이 좋았다. 그러고 나니 자연스럽게 상품에 관한 호기심도 생겨 조금 전까지 끄려 했던 라이브 방송을 무려 30분이나 더 보게 되었다. 에너지 넘치는 그 셀러는 중간중간 분위기 전환이 필요할 때마다 돌발 퀴즈를 내 시청자들이 지루할 틈을 주지 않았고, 시청자들 역시 댓글을 올리며 경쟁적으로 참여하는 모습을 보였다.
이 셀러는 방송 초반에 임팩트 있는 강력한 질문을 던져 시청자들의 시선을 끄는 데 성공했다. 그녀가 이런 방법을 쓰지 않고 처음부터 끝까지 준비한 설명만 했더라면 과연 얼마나 시청자들의 관심과 눈길을 끌었을까? '열대 과일 퀴즈 사건' 이후 나는 그 셀러와 자연스럽게 친분이 생겨 나 혹은 그녀가 인스타그램 라이브 방송을 하거나 포스팅을 올리면 관심 있게 지켜보고 서로 응원하는 사이가 되었다.

그리고 마지막으로 '시각적 효과로 시선을 끄는 방법'이 있다. TV홈쇼핑 쇼호스트 시절, 나는 한동안 ○○브랜드의 '식기 살균건조기'를 판매했었다. 설거지해서 식기 살균건조기에 넣으면 돔 형태의 투명한 뚜껑이 있어 공기 중 먼지나 유해물질이 식기에 들러붙는 걸 막아주고, 식기를 위생적으로 보관하며 건조와 살균을 동시에 하는 제품이었다. 한 제품으로 오랫동안 방송하다 보니 진행이 늘 비슷비슷했고 매출 역시 마찬가지였다.
언젠가부터 침체기였던 상황에서 벗어나 새롭게 시작하는 마음으로 다시 판매 전략을 세웠다. PD와 동료 쇼호스트들과 함께 생방송 오프닝에서부터 고객의 시선을 잡을 방법을 다 같이 고민하다가 나에게 좋은 아이디어가 떠올랐다. 당시 미세먼지가 심각했던 때라 미세먼지 이슈로 시작부터 시청자의 위기감과 공감을 끌어내기로 한 것이다.

방송이 시작되고 오프닝 인사를 한 후 바로 "주부님들, 요즘 미세먼지 때문에 다들 난리지요? 이거 한번 보세요!"라고 시청자를 집중하게 하는 멘트를 날린 다음, 며칠 동안 미세먼지 농도를 색깔로 표시하는 휴대전화 앱 화면을 캡처한 사진을 손으로 쭉쭉 넘기며 보여주었다. 무섭도록 새까만 화면에 '최악' '최악' '최악'이라는 글자가 긴말이 필요 없게 했다. 또 싱크대 앞에 창을 만들자고 제안해 창틀과 식기 살균건조기 뚜껑 위로 미세먼지를 연상케 하는 황토를 뿌렸고, 그걸 내가 흰색 장갑으로 쓱 닦아 손바닥을 카메라 가까이 대서 보여주었다. 여기서 굳히기 멘트! "만약에 물 묻은 식기를 이렇게 뚜껑으로 닫아 막아 놓지 않았다면 이 그릇들, 어땠을까요?"

결과적으로 시각적 효과를 이용한 이 작전은 성공이었다. 호기심과 궁금증, 필요성 이 3가지 모두를 오프닝에서 잡은 것이다. 식기 건조기에 관한 호기심과 궁금증, 필요성을 느낀 고객을 놓치지 않은 덕분에 초반부터 반응이 좋았고 간만에 주문량도 기존 방송보다 2배 가까이 올랐다.

2단계, 믿음을 주자

1인 방송 라이브 커머스에서 시청자가 상품을 구매하는 요인은 어쩌면 상품보다도 셀러에 관한 신뢰가 더 크다고 볼 수 있다. 좋은 상품이라도 셀러를 믿지 못하면 시청자들은 상품을 사지 않는다. 그러니 평소 개인 SNS 등으로 셀러 자신을 꾸준히 노출해 시청자에게 믿을 만한 이미지로 인식되도록 만들어야 한다. 그리고 방송을 통해 물건을 사는 온라인 쇼핑은 직접 눈으로 보거나 손으로 만져본 후 사는 오프라인 쇼핑과 다르므로 소비자에게 더욱더 신뢰감을 주어야 한다. 그래서 브랜드 상품은 판매가 좀 더 수월하다. 하지만 내세울 만한 브랜드가 없거나 브랜드 인지도가 약하다면 상賞, 인증서, 특허증 등 공신력 있는 자료를 보여주는 것도 신뢰를 높이는 방법이다.

만약 그조차도 없다면 생산자의 얼굴이나 이름을 내걸자. 그 예로 요즘 시중에 판매되는 과일이나 농산물의 포장에 생산자의 사진과 이름 등이 인쇄된 모습을 본 적이 있을 것이다. 나는 가격이 조금 더 비싸더라도 얼굴과 이름을 걸고 생산한 제품을 장바구니에 담는 편이다. 또는 생산자나 생산 대표의 경영 철학을 스토리텔링으로 재미있게 만들어 홍보하는 것도 좋은 방법이다.

3단계, 상품에 대해 찰떡같이 설명하자

상품의 셀링 포인트는 3가지면 충분하다. 머리에 쏙 들어오는 예를 들어보겠다. 소개팅 주선자라면 소개할 사람의 특징을 이야기할 때 머리끝부터 발끝까지 세세하게 묘사하지 않는다. 보통 "애교가 많아. 눈이 정말 예쁜데, 특히 웃는 모습이 백만 불짜리야!" 정도로 이야기한다. 이처럼 상품 특징도 귀에 딱 꽂히게 딱 3가지만 강조하자.

1인 방송 셀러가 상품을 판매할 때 가장 많이 하는 실수가 '직접 써보니 너무 좋고 장점이 많은 상품이라 이것저것 자랑하고 싶어 시청자에게 과도하게 많은 정보를 알려주려는 경우'이다. 아무리 좋아도 시청자는 그 모든 정보를 다 기억하지 못한다. 오히려 너무 많은 정보 제공은 정말 중요한 포인트를 흘려듣게 할 수 있다. 그러니 1인 방송 라이브 커머스를 할 때는 ①상품의 가장 중요한 장점 ②경쟁 상품과 비교하여 차별화 포인트 ③타깃 고객들이 가장 좋아할 만한 포인트 정도만 찾아 딱딱 짚어주자.

즉, 셀링 포인트 중 가장 강력한 포인트를 제일 먼저 이야기하고, 가장 긴 시간을 할애해 설명해야 한다. 그런데 많은 셀러가 가장 중요한 점을 방송 맨 마지막에 '터트리려다' 결국 시간에 쫓겨 허둥지둥 대충 넘어가거나 시청자가 방송이 지루해져 중요한 내용이 나오기 전에 채널을 돌려버릴 가능성이 크다.

TV홈쇼핑 쇼호스트가 되고 얼마 지나지 않아 동기 쇼호스트와 둘이서 침구 판매 방송을 했었다. 홈쇼핑 침구 세트는 주로 침대 커버, 이불 커버, 베개 커버 세트로 구성되는데, 침구 세트는 쇼호스트가 서 있는 위치에서 동선에 따라 침대 위에 세팅된 '베개→이불→침대 커버' 또는 '이불→침대 커버→베개' 이 순서대로 설명하는 게 기본이다. 우리는 제일 먼저 베개를 보여주며 베개 커버의 예쁜 꽃무늬 패턴에 둘 다 감탄사를 연발했다.

나 : "우와~ 너무 예쁘죠? 꽃잎 하나하나가 살아 있는 듯한 느낌이 드네요."

동기 : "정말 꽃밭에 머리를 두고 누운 듯한 기분이 들겠어요."

나 : "이러다 베개에 나비가 날아와 앉겠어요."

동기 : "이 베개 커버를 액자로 걸어 놔도 예쁘겠네요."

베개 커버의 꽃무늬로만 주거니 받거니 하느라 상품 설명이 진행되지 않았다. 지금 생각하면 웃음이 나지만, 당시에는 동기보다 더 멋진 표현을 하겠다는 은근한 경쟁심도 있었던 것 같다. 갈 길이 구만리인데 둘이서 베개 커버의 꽃무늬 이야기만으로 시간 가는 줄 몰랐고, "자~ 베개 커버 꽃 멘트만 13분이나 했어요! 이제 마무리해 주세요!"라고 담당 PD와 연결된 인이어를 통해 많이 참은 듯한 PD의 서늘한 목소리가 들렸다.

우리는 그 소중한 13분 동안 베개 커버의 꽃무늬만 찬양하다 정작 해야 할 설명을 하지도 못한 채 첫 설명을 끝내 버렸다. 정말 신입 시절에나 있어야 할 웃지 못할 일화이다. 지금은 지난 일이라 추억담으로 이야기할 수 있다지만, TV홈쇼핑과 쇼호스트를 믿고 상품을 맡긴 협력 업체에는 정말 죄송한 일이 아닐 수 없다.

4단계, 이 상품이 필요해지게 만들자

고객이 가장 만족하는 쇼핑은 단순히 '싸게 사는 것'이 아니다. '나에게 필요한 괜찮은 제품을 좋은 혜택으로 사는 것'이다. 아무리 좋은 물건이라도 고객은 필요하지 않으면 사지 않는다. 쓰지도 않을 걸 괜히 사서 짐만 되고 돈까지 날린다는 생각이 들게 하면 안 된다. 그래서 라이브 커머스 셀러는 이 상품이 고객에게 얼마나 필요한지 알려주어야 한다. 더 나아가 꼭 필요하게 만들어야 한다. '이 상품을 갖고 싶게 만드는 것'이야말로 시청자의 니즈를 자극하는 행위이다.

이 상품을 사면 고객으로서는 생활에 어떤 이익이 있는지, 무엇이 편리해지는지, 얼마나 더 좋아지는지 구체적으로 짚어주어야 한다. 고객이 이 상품을 사용해 더 좋아질, 더 예뻐질, 더 편리해질 자신을 상상하도록 구체적인 상황을 그려 주는 게 좋은데, 여기에 스토리텔링 기법이 들어가면 시청자의 구매욕을 더 끌어올릴 수 있다. 그 방법 중 하나가 셀러 자신의 개인적인 경험담이다(p.97 '둘, 간증하라' 참조).

저녁 시간에 대형마트에서 장을 보는데, 각각 다른 매대에서 느타리버섯을 시식과 함께 파는 판매원들이 있었다. 한 사람은 기름에 볶은 버섯을 앞에 두고 "세일! 세일입니다! 신선한 버섯이

2팩 사면 1팩 더~~ 빨리 오세요! 세일! 세일!" 이렇게 소리쳤다. 다른 한 사람은 건너편 매대에서 "오늘 저녁에 무얼 먹어야 하나 고민되시지요? 버섯을 송송 다져 달걀과 섞어 전으로 부쳐 주세요. 여기에 당근을 곱게 다져 넣어도 좋아요. 다른 간은 하지 말고 소금만 약간 넣으면 됩니다! 우리 아이들 채소 너무 안 먹잖아요. 채소 안 먹는 애들도 이렇게 해주면 너무 잘 먹어요"라고 조곤조곤하게 설명하고 있었다. 이 판매원은 큰소리를 치지도 않았고 두 팩 사면 한 팩 더 준다는 말도 없었다. 조용히 버섯전을 부쳐 고객들에게 하나씩 먹어보라고 권했다.

당신이라면 누구에게서 느타리버섯을 사겠는가? 내가 본 광경은 놀라웠다. 1팩 더 준다는 매대보다 건너편 매대에 사람이 몰리기 시작했다. 물론 그중에 나도 있었지만 말이다.
왜 사람들이 2팩 사면 1팩 더 준다는 판매원에게는 버섯을 사지 않았을까? 고객들은 '가뜩이나 느타리버섯은 금방 물러지는데, 3팩이나 가져가서 그걸 언제 다 먹나?' 이런 생각을 했을 것이다. 요즘같이 가족 구성원 수가 적은 시대에 당장 필요하지도 않은 걸 굳이 많이 사 놓을 이유는 없다.
반면 두 번째 판매원은 '오늘 저녁 반찬거리 해결' '어떻게 만드는지 레시피 제공' '아이들에게 채소를 먹일 방법 제시'로 사람들의 니즈를 파악해 느타리버섯이 꼭 필요해 살 수밖에 없도록 만들었다. 두 번째 판매원의 세일즈 방법이 바로 스토리텔링이다. 같은 제품이라도 스토리텔링이 곁들여지면 사람들에게 더 많은 공감을 끌어낼 수 있다.

그리고 사람들은 누구나 검증받은 제품이자 다른 사람도 좋다고 하는 제품을 사고 싶어 한다. 살까 말까 머뭇거릴 때 판매원이 "조금 전에도 어느 분이 두 개나 사 가셨어요!" "어제 사신 분이 너무 맛있다고 오늘 다시 사러 오셨지 뭐예요?"라고 부추기면 나도 당장 사야겠다는 충동이 생기는 건 인지상정이다. 그런 맥락에서 이미 써 본 고객들의 사용 후기를 소개하는 것도 니즈를 자극하는 좋은 방법이다.

5단계, 가격의 가치를 반복해서 설명해 주자

고객들에게는 '상품의 가치보다 더 좋은 조건으로 산다'라는 만족감을 주어야 한다. 그러기 위해 상품의 가격을 우리가 쉽게 접하는 다른 상품의 가격에 비유하는 방법을 쓸 수 있다.

예를 들어 "믹서기는 자주 쓰는 가전제품이잖아요? 가족을 위해 몇 년을 갈고 빻고 할 텐데, 가격은 하룻밤 야식으로 먹는 족발보다 싸요!" "언제든 좋은 물을 마실 수 있는 정수기 렌탈료가 하루 30원꼴! 요즘 10원짜리 동전 구경하기도 힘들다는 거 아시죠?" "이 옷 입고 나가보세요. 다들 어디서 이렇게 예쁜 옷을 샀냐면서, 너무 잘 어울린다는 소리를 얼마나 많이 듣겠어요? 그런 즐거움과 맞바꾸기에는 가격이 너무 저렴하죠?" 이렇게 말이다.

6단계, 지금 당장 이 물건을 사야 할 이유를 제시하자

지금까지 호기심과 궁금증을 일으켜 잠재 고객인 시청자들을 집중시켰고 신뢰감을 쌓았으며 상품의 특징도 잘 짚어주었다. 또 왜 사야 하는지에 관한 니즈를 자극해 이 상품이 필요하다는 생각이 들도록 만들었고 가격도 참 괜찮다고 인식시켰다. 그렇다면 이제 시청자의 결제만 남은 것인가? 시청자는 본인에게 정말 필요한 상품이고 꼭 사고 싶다고 생각하고 있다. 하지만 목표지점에 거의 도달했다 하여 그것이 항상 최종 결정으로 이어지지는 않는다.

판매 방송의 마무리는 '왜 지금 당장 이 상품을 사야 하는지'에 관한 타당한 이유가 있어야 한다. 나중에 사거나 다른 곳에서 사도 된다는 생각이 들었다면 의미 없는 정보 방송을 한 셈이다. 시청자가 지금 당장 이 상품을 사야 하는 이유를 셀러가 만들어야 한다. '라이브 방송 중에만 이 가격' '라이브 중에만 1+1'

'한정 수량만 이 조건' '선착순' 등으로 말이다.

사람들은 심리적으로 희소한 것을 더 갖고 싶은 욕구가 있다. 이러한 희소성은 경쟁심을 부추기는 역할을 한다. TV홈쇼핑 방송에서 쇼호스트들의 흔한 레파토리인 '단 한 번' '오늘이 마지막' '매진 임박' 등의 멘트를 들으면 혹시 나만 사지 못하게 될까 봐 심장이 두근거리며 초조하게 전화기를 들어 본 경험이 있을 것이다. 이런 한정된 표현이 지금 당장 이 상품을 사야 할 이유를 제시하는 단계라고 보면 된다. 수십 년이 넘은 홈쇼핑 방송 역사상 단 한 번도 프로모션이 없는 방송을 본 적이 없다. 이는 판매 방송에서 마케팅적으로 빠질 수 없는 검증된 방법이기 때문이다.

라이브 방송은 정말 변수가 많다. 특히 댓글로 실시간 소통하며 고객들의 궁금증을 해소해 주어야 하는 1인 방송의 경우에는 준비했던 순서대로 방송이 진행되지 않을 확률이 꽤 높다. 라이브 분위기에 따라 순서는 바뀔 수 있지만, 이 6단계 프로세스는 방송 곳곳에 적절하게 배치해 사용하기를 권한다.

Tip 셀링 포인트 찾기

내 지인 중에는 낚시광이 여럿 있다. 낚시라고는 줄낚시조차 해보지 않은 내 앞에서 낚시 이야기를 신나게 하느라 주문해 놓은 식사가 다 식을 정도이다. 낚시인들의 이야기에 따르면 물고기의 종류에 따라 좋아하는 미끼가 다 다르다고 한다. 감성돔을 낚기 위해서는 감성돔이 좋아하는 미끼를, 도다리를 낚으려면 도다리가 좋아하는 미끼를 던져야 한단다. 무턱대고 아무 미끼나 끼워놓고 낚싯대만 던져놔 봤자 온종일 한 마리 잡기도 어렵다고 한다.

상품 판매도 낚시와 비슷한 점이 있다. 상품의 여러 가지 장점 중 특히 고객들이 사려는 욕구를 강하게 느끼게 하는 가장 세고 자극적인 강점을 미끼로 던져야 한다. 그게 바로 '셀링 포인트'이다. 아무리 자랑거리가 많더라도 그것이 타깃의 관심을 끌 수 없다면 100가지, 1,000가지 자랑이라도 의미가 없다. 셀링 포인트는 그 많은 장점 중 가장 중요한 장점 중의 장점이어야 한다.

가장 중요한 장점인 셀링 포인트는 대부분 상품의 이름에 다 들어 있다. 만약 상품명을 직접 지어야 한다면 셀링 포인트를 조합해 정하면 된다. '국내산 자연산 바닷장어' '굽지 않고 육포처럼 찢어 먹는 육징어' '북유럽 감성의 양면 전기 그릴' '무항생제 제주 목초 우유' '기장산 뿌리 다시마' '순백 3겹 라벤더 화장지' '오버핏 무지 면 티셔츠' '쿨링 와이드 9부 바지' '휴대용 목걸이 공기청정기' 등등 이름만으로 제품에 관한 설명이 끝난다. 이게 바로 셀링 포인트이다.

예로 든 제품의 이름에서 눈치챘겠지만, 셀링 포인트는 3가지를 넘기지 않는다. 그 이상 넘어가면 포인트가 흐려져 시청자가 기억하기 어려워진다.

같은 상품이어도 타깃의 연령대에 따라 셀링 포인트가 달라질 수 있다. 예를 들어, 초음파 미용기기를 판매한다고 가정해 보자. 상품의 기능과 장점으로 '피부 톤 개선' '탄력 재생' '주름 개선 효과' '간편한 사용법' '작고 예쁜 디자인' 등이 있다. 20~30대에게 팔 때와 40~50대에게 팔 때는 셀링 포인트가 달라야 한다. 40대인 내가 방송으로 20~30대들에게 주름이나 기미 개선의 효과를 아무리 강조해 봤자 그들에게 와닿을 리 없다. 물론 주름과 기미 등을 걱정하는 20~30대도 있긴 하지만, 대부분은 톱스타나 인기 아이돌, 셀럽처럼 화장하지 않아도 피부에 윤기가 나고 깨끗하며 탄력 있기를 원할 것이다.

그렇다면 같은 기능이라도 40~50대는 기미 잡티 완화, 리프팅을 통한 주름 개선 효과, 복잡하지 않은 간편한 사용법을 셀링 포인트로 잡을 수 있고 20~30대는 맑고 깨끗한 피부 톤, 탱탱한 피부 탄력감, 트렌드에 맞는 예쁜 디자인 정도를 셀링 포인트로 정할 수 있다. 이렇게 고객 니즈에 맞추어 상품 설명과 시연, 만족도에 관한 후기나 셀러의 경험담을 충분히 녹여내면 된다.

판매 1위 브랜드 '○○○ 김치'로 예를 들어보자. 이렇게 유명한 제품은 브랜드 자체가 셀링 포인트가 된다. 이때는 '○○○ 브랜드라 맛있다!' '○○○ 이라 믿을 수 있다!' 등 '○○○ '이라는 브랜드를 계속 강조하면 된다. 맛있게 먹는 모습을 보여주고 여러 가지 레시피로 응용할 수 있는 요리를 보여주면서도 결국은 '○○○ 김치니까!'로 연결이 되면 된다.

유명 브랜드 제품은 브랜드와 함께 중요한 셀링 포인트가 하나 더 있다. 바로 구매 혜택이다. 결과적으로 말하자면 '누구나 다 좋아하는 ○○○ 김치, 시중가보다 더 좋은 조건으로 판매한다'가 큰 틀의 셀링 포인트가 된다. 위 사례뿐만 아니라 누구나 잘 아는 공산품 또는 생필품도 가격이나 혜택 등의 조건이 시중보다 좋으면 판매가 쉽게 이루어지므로 셀링 포인트는 '좋은 혜택'으로 잡으면 된다. 이런 부류의 상품을 '저관여 상품低關與商品, 값이 싸고 중요도가 낮아 잘못 구매해도 큰 위험이 없는 상품'이라고 한다.

만약 인지도가 없는 브랜드의 김치는 어떻게 셀링 포인트를 잡아야 할까? 이런 경우에는 대기업 브랜드 김치와 비슷한 셀링 포인트로 판매했다가는 낭패 보기 십상이다. 뒤에 소개할(p.107 '여섯, 약점을 장점으로 강점화하여 말하자' 참조) 단점을 장점으로 강점화하는 전략으로 차별화하는 편이 좋다. 대기업 공장의 대량 생산 김치가 아닌 '엄마 손맛의 김치'를 셀링 포인트로 잡고 '전라도 어머니의 손맛으로 풍미가 깊고 시원하다!' '냉장고 김치가 아니라 주문하면 바로 담가 보내드린다!' '내 자식에게 보내는 마음으로 담는다!' 등 이렇게 만든 사람의 경력이나 정성, 삶의 이야기 등을 스토리텔링으로 녹여낸다. 번거롭고 귀찮지만, 맛을 위해 포기할 수 없었던 이 김치만의 레시피를 등을 더 공들여 설명하면 상품에 대한 소비자의 호감을 높일 수 있다.

계절이나 시즌에 따라서도 셀링 포인트가 바뀌어야 한다. 같은 쿠션 파운데이션 제품의 경우, 겨울이냐 여름이냐에 따라 셀링 포인트가 달라져야 한다. 겨울에는 건조한 날씨와 히터, 난방 등으로 피부의 건조함을 많이 호소하는 시기이다. 그래서 이 시즌에 판매하는 쿠션 제품은 '촉촉한 보습감과 덧발라도 건조하지 않음'이 셀링 포인트가 되어야 한다. 이때는 성분에 관한 강조가 필수이다.

그럼 여름에 판매한다면 셀링 포인트를 어떻게 잡아야 할까? 여름에는 땀과 비, 물수영장, 바닷가 등에 노출되는 시기라 '습기나 땀에도 화장이 무너지지 않고 강하다'라는 점이 셀링 포인트가 된다. 겨울에는 촉촉하고 매끈하게, 여름에는 번들거리거나 흘러내리지 않음을 셀러가 직접 시연해 보여주면 더 효과적이다.

둘, 간증하라

요즘 판매 방송의 트렌드는 '간증干證'이다. 간증의 사전적 의미는 '자신의 종교적 체험을 고백함으로써 하나님의 존재를 증언하는 일'이다. 하지만 셀러의 간증은 '자신의 상품 체험을 고백함으로써 상품의 우수성을 증언하는 일'로 바꾸어 해석할 수 있다. 홈쇼핑에서도 예전에는 상품 설명을 잘하는 쇼호스트가 인정받았었다. 하지만 요즘은 간증을 잘하는 쇼호스트를 높게 평가한다.

이제 상품 정보는 인터넷에 검색하면 흘러넘치도록 많다. 지금은 같은 상품을 팔아도 누가 더 간증을 잘하느냐에 따라 매출이 달라진다. 실제로 거액의 몸값으로 이슈되는 쇼호스트 대부분이 간증의 왕이다. 1인 방송 셀러도 마찬가지이다. 상품 정보를 달달 외워 팩트 위주로 소개하는 방식은 요즘 판매 방송 트렌드나 1인 방송 콘셉트에 어울리지 않는다. 판매 상품의 품질과 가격이 타 채널보다 훨씬 경쟁력이 있다면 모르겠지만, 그렇지 않다면 가격과 구성 및 상품의 특징만으로는 판매가 쉽지 않다. 왜 그럴까?

고객들이 결정적으로 구매를 결심하는 순간은 셀러가 상품의 구성이나 가격을 강조할 때보다는 셀러의 입에서 나오는 '공감 가는 이야기'를 들었을 때이다. 논리적이고 계산적인 영역을 담당하는 좌뇌로는 "예쁘군… 가격이 싸긴 하네. 세일이라는데 한 번 사볼까? 아니야, 집에 비슷한 게 있는데 또 사는 건 낭비지…" 하며 따지고 비교하고 계산하면서 선뜻 결정하지 못한다. 그러다가 대부분 '그냥 다음에 사지 뭐' 하고 넘어간다.

쌍둥이의 침대를 바꿀까 하여 백화점 내 가구매장에 갔었을 때 일이다. 브랜드마다 자기네 제품이 더 좋다고 온갖 기능과 특징에 관해 늘어놓는데, 거의 비슷비슷해서 선뜻 결정하지 못하고 있었다. 결국은 마지막에 들른 ○○○ 침대 직원의 한 마디에 딱 꽂혀 바로 구매를 결정했다. "제 딸이 중학생일 때 저 침대를 사주었는데, 지금 스물아홉 살이에요. 아직도 너무 잘 쓰고 있어요. 가성비로 따졌을 때 이만한 침대가 없을 거예요!" 이 침대의 여러 가지 장점을 열거하는 것보다 이 1~2마디가 내 마음을 움직였다.

어느 날 페이스북으로 라이브 방송을 하는 아주머니를 보게 되었다. 말씨가 특이해 계속 듣다 보니 중국 교포였다. 그 아주머니는 지자체에서 운영하는 교육프로그램을 통해 본인이 직접 수확한 농산물을 판매할 1인 방송 라이브 커머스를 연습하고 있었다. 그런데 "내가 정성껏 농사를 지어 싸게 파는 겁니다. 많이 사주세요!"라는 뻔한 말 등을 하지 않았다.

대신 본인이 중국에서 남편을 만나 한국의 시골로 시집을 와 농사를 짓게 된 이야기를 들려주고 있었다. 남편과의 첫 만남부터 수십 년간 함께 농사를 지으며 겪었던 고생담 등을 들려주었는데, 나도 모르게 방송에 점점 빨려들었다. 물론 본인이 팔려는 농작물에 관한 이야기도 그 안에 다 녹아 있었다. 연습 방송이 아니었다면 어느새 전화를 걸어 주문했을 것이다.

"제가 어제 이 옷을 입고 길을 가고 있는데요. 어떤 아주머니께서 '아가씨~ 길 좀 물어볼게요?' 하시는 거예요. 화장도 하지 않고 그냥 코트 하나 툭 걸치고 나왔는데, 제가 굉장히 젊어 보였나

봐요. 배우들 얼굴에 반사판 대면 화사해지잖아요? 이 컬러가 얼굴에 반사판을 댄 듯이 되게 밝고 환하게 보이게 하는 착시 효과가 있는 것 같아요!"라는 멘트를 한다면 어떨까? 집에 비슷한 옷이 있어도 또 사지 않을까? 이때는 감성의 영역을 지배하는 우뇌가 작용했기 때문이다.

쇼핑은 논리적인 영역이라기보다 충동적인 감성에 의해 이루어질 때가 많다. 그 충동은 우뇌의 작용으로 일어난다. 학창 시절 수업 시간에는 그렇게 졸다가도 선생님의 첫사랑 이야기 타이밍에는 기가 막히게 잠에서 깨 초롱초롱 눈을 뜨고 재미있게 들었던 기억이 있을 것이다. 교과서의 역사 연대표는 아무리 달달 외워도 외워지지 않는데 매주 대하드라마를 보다 보면 자연스럽게 이해가 되고 오랫동안 기억에 남는다.

상대방의 흥미와 몰입을 끌어내는 데는 간증만 한 게 없다. 지금 보고 듣고 느끼는, 그리고 과거에 경험한 모든 것이 언제든 써먹을 수 있는 간증 거리가 될 수 있다. 이런 간증을 위해 평소 기록용 수첩을 따로 마련해 재미있는 이야기를 많이 담아두자.

어디선가 읽은 가왕 조용필 씨의 인터뷰가 생각난다. "프로에게 중요한 건 노래를 잘하느냐 못하느냐가 아니라, 사랑과 그리움과 슬픔 같은 정서를 목소리를 통해 대중에게 얼마나 진정성 있게 전달하느냐가 중요하다." 1인 방송 라이브 커머스에서도 어떤 상품이든 개인적인 체험을 진정성 있게 잘 전달하는 것이 베테랑 셀러가 되는 길이다.

셋, 우물쭈물 할 틈을 주지 말고 딱 결정해 주자

판매 방송에서는 고객이 구매를 고민하는 시간이 길어지게 두면 안 된다. 결정장애를 겪는 사람이 꽤 많기 때문이다. 이것저것 고민하고 재다 방송 시간 내에 구매 타이밍을 놓치는 경우가 생길 수 있으니 이런 상황이 발생하지 않도록 딱 결정해 주자. 그럼 상품이 더 잘 팔린다.

"주로 가진 옷이 검은색이 많으면 오렌지 컬러를 선택하세요." "가볍게 입을 옷은 많은데 모임이나 격식을 차리고 갈 장소에 마땅히 입을 게 없다면 블랙 컬러를 추천합니다." "매운맛은 신라면, 중간 맛은 너구리, 순한 맛은 안성탕면 정도이니 참고하여 선택하세요." "피부가 하얀 편이면 핑크가 예쁘고요, 까무잡잡하신 분이라면 카멜이 정말 멋져요." "유치원생이나 초등학교 저학년 아이가 있으면 베이컨 볶음밥을 추천하고요, 그 이상 연령대의 아이라면 사천식 볶음밥이 좋아요." 등등 고객도 같은 생각을 하고 있을 수도 있겠지만, 그래도 셀러가 이렇게 선택 기준을 정해주면 본인 결정에 확신하게 되고 구매 결정을 빨리할 수 있다.

넷, 잘 보여주자

1인 방송은 자유롭고 틀에 박히지 않은 형식이 매력이지만, 1인 방송으로 '상품을 판매할 때'는 이야기가 달라진다. 1인 방송 라이브 커머스에서 상품은 주인공이고, 주인공인 상품이 제대로 잘 보여야 판매가 잘될 수 있다. 특히 식품 방송에서는 셀러가 식품을 노련하게 손질하는 모습을 보여주어야 한다. 주로 상자째 판매되기에 손질이나 먹는 방법이 번거롭고 귀찮으면 구매를 망설일 수밖에 없다. 그래서 셀러는 핸들링 연습을 많이 해야 한다.

'사과 깨무는 소리 장인'(p.148 '식품' 참조) J는 전복 판매 방송을 앞두고 숟가락으로 전복을 한 번 만에 손질하는 연습을 밤새 했다고 한다. 전복을 몇 박스나 다듬으며 연습한 결과, 라이브 방송에서 숟가락 하나로 그 어렵다는 '전복 손질하기'를 단 한 번의 실수도 없이 식은 죽 먹듯 보여주었고, 결과는 당연히 대박이었다! 가격이 저렴해도 전복 손질이 부담이라 상자째 구매를 망설이는 고객들의 마음을 완전히 사로잡은 것이다.

나 역시 이런 과정을 많이 거쳤었다. 예를 들어, 갈치를 파는 생방송에서도 쇼호스트가 갈치구이의 살을 얼마나 빠르고 노련하게 발라내는가가 굉장히 중요하다. 이걸 잘하면 화면으로 보는 것만으로도 확 살아나고, 반대로 못하면 살이 부서져 지저분하게 보여 되려 식감이 떨어지기 때문이다. 젓가락을 옆으로 기울여 한 번 만에 갈치살을 통째로 싸~악 발라 숟가락에 떠 놓은 밥 위에 떨어지지 않게 올리는 것, 그 기술을 손에 익히는 게 필요했다.

갈치 판매 생방송을 앞두고 며칠 동안 우리 집 식탁에는 매일 갈치구이, 갈치조림, 갈칫국 등 갈치 반찬이 끊임없이 올라왔다. 남편이나 쌍둥이는 손도 못 대게 하고 내가 직접 살을 발라서 한 명씩 밥 위에 올려주었다. 그 기술을 마스터하기 위해 갈치를 얼마나 많이 보고 만졌던지, 생선가게를 가도 한동안 갈치랑은 눈도 마주치려 하지 않았다는 비하인드 스토리가 있다. 갈치 말고도 오렌지 빨리 까기, 원스톱으로 아보카도 속살 발라내어 썰기, 굴비를 통째로 들고 뼈만 남기고 먹기 등등 내가 마스터한 기술이 셀 수 없이 많다.

만약 칼 세트를 판매한다면 칼질에 거침없어야 한다. 미용기기나 가전제품 등 기능이 있는 제품이라면 머뭇거림 없이 작동이 한 번 만에 되도록 손에 익혀야 한다. 만약 머뭇거리거나 제대로 작동이 안 되면 상품에 관한 소비자의 신뢰가 확 떨어져 버린다. 귤을 판매한다면 셀러 앞에 잔뜩 쌓아 놓거나 손에 들고 있는 것만으로는 구매 욕구가 생기지 않는다. 손에 올려놓고 크기를 보여주고, 껍질이 얼마나 매끈하고 윤기가 있으며 얇고 부드러운지 등을 가까이에서 보여주는 편이 좋다. 입에 넣고 과육을 씹는 모습까지 클로즈업으로 보여주면 훨씬 먹고 싶게 만든다.

상품을 셀러의 앞이나 옆에 놓거나, 손에 들어오는 크기라면 손에 들고서 멘트를 하는 것도 좋다. 그리고 본격적으로 상품 설명을 할 때는 상품을 카메라 앞으로 가지고 가거나 카메라를 앞쪽으로 당겨 최대한 자세하게 보여주어야 한다.

상품의 정확한 크기를 보여주기 위해 우리가 일반적으로 잘 알고 있는 물건, 예를 들어 테니스공이나 탁구공, A4용지, 두루마리 화장지 심 등을 사용하면 직관적으로 와닿는다. 나 역시 폭 13.5㎝인 컴팩트한 크기의 정수기를 시각적으로 보여주기 위해 모나미 볼펜을 정수기 위에 올려놓고 비교하며 방송한 적도 있다.

또 상품을 막 다루면 좋은 상품을 저렴하게 판매하기보다 싸구려를 싸구려답게 파는 것처럼 보인다. 과일의 경우 껍질을 까거나 내용물을 반으로 가르고 눌러보거나 짜서 보여 줄 때가 있는데, 이때 위생장갑을 쓰지 않고 매니큐어를 바른 긴 손톱이나 지저분해 보이는 손으로 상품을 만지는 걸 보이는 건 좋지 않다. 식품의 생명은 위생과 안전이다. 셀러가 깔끔해야 상품도 위생적이고 안전하게 보인다.

어느 셀러가 파우치로 된 홍삼 제품을 판매하면서 용량과 색, 농도 등을 설명하기 위해 숟가락 위에 내용물을 짜서 보여주었다. 찰랑찰랑 흘러내릴 것 같아 불안해 보이기도 했지만, 정작 보여야 할 내용물의 농도나 색 등이 잘 보이지 않았다. 또 가격이 믿기지 않을 만큼 저렴해 진짜 홍삼이 들어 있긴 한 건지 긴가민가하던 차에 숟가락의 등장으로 제품에 대한 믿음과 품격이 확 떨어져 구매 의사 역시 떨어져 버렸다.

헤어 케어 제품이나 화장품, 건강식품 등 불투명한 용기 속에 있는 내용물의 제형이나 색, 농도 등을 보여주려면 작은 와인잔과 같은 투명한 용기를 활용해 내용물을 직접 꺼내어 보여주는 편이 고객들의 궁금증을 해소할 수도 있고 상품 역시 고급스러워 보인다. 섬유나 원단 등의 천 소재를 보여줄 때는 보풀이 보이지 않도록 미리 손질하고 깨끗하게 다림질해 놓는다.

상품을 보여주는 방법은 일반적으로 '전체→부분→전체'의 순서를 따른다. 이 말은 처음에는 상품의 전체적인 분위기나 느낌 위주로 와이드하게 보여준 다음, 점점 디테일하게 하나씩 꼼꼼히 짚어주고 그 다음에는 다시 넓은 구도로 나와 활용도나 전체적인 느낌을 보여준다는 뜻이다.

디자인을 보여줄 때는 외부에서 내부로, 위에서 아래로, 앞에서 뒤의 순서로 보여주면 된다. 구성의 종류가 많을 때는 말로만 하지 말고 하나하나 손으로 짚어가며 보여준다. 이때도 가능하면 화면 안에 구성이 다 보이도록 하는 편이 좋다. 상품과 상관없는 장소이거나 장소가 깨끗하지 않다면 깨끗한 배경지를 뒷배경으로 펼치고 방송하는 게 깔끔하고 상품의 이미지도 좋아 보인다.

다섯, 귀에 술술 들어오도록 쉽게 말하자

독일의 이론물리학자 알베르트 아인슈타인Albert Einstein은 "쉽게 설명하지 못하면 제대로 알지 못한 것이다"라는 말을 했다. 전적으로 동감한다. 상품 설명을 어렵게 하는 이유에는 2가지 경우가 있다. 첫 번째는 자기가 안다고 잘난 척하고 싶을 때, 두 번째는 충분히 공부하지 않아 잘 모르는 때이다. 많이 알수록 쉽게 말한다. 글도 말도 다 마찬가지이다. 전체를 이해하고 꿰뚫고 있기에 어려운 원리나 전문 용어도 쉽게 풀어 설명할 수 있다.

한 번씩 보면 굳이 어려운 용어나 불필요하게 외래어나 외국어 등을 남발해 가며 상품에 관해 설명하는 셀러들이 있다. 이는 자칫 시청자들이 셀러에게 무시당하는 듯한 불쾌한 느낌을 받을 수 있다. 시청자들이 방송에서 이탈하지 않고 셀러의 말에 관심을 가져야 매출도 높아진다. 엄마가 아기의 첫 이유식을 만들 때 모든 재료를 목구멍에 걸리는 게 없을 만큼 잘게 자르고 다지듯 어려운 설명도 최대한 쉽고 친절하게 쪼개고 쪼개서 하자.

여섯, 약점을 장점으로 강점화하여 말하자

과거 TV홈쇼핑 방송에서는 장점은 최대한 부각하고 단점은 드러나지 않게 많이 숨겼었다. 기능적으로 단점이라 생각되는 부분은 아예 카메라에 비치지 않거나 멘트로도 언급하지 않았다.

그런데 이제 부분적이나마 고객들의 궁금증이 댓글 소통으로 이루어지고 있고, 고객들의 수준 역시 나날이 높아져 단점이 가린다고 가려지지 않는다. 기어이 단점을 가리고 판매했더라도 배송 후에 반품으로 돌아오는 경우가 많다. 반품으로 인해 회사에 더 커다란 비용 부담이 발생하므로 오히려 요즘은 단점도 자연스럽게 노출하는 추세이다.

시청자와의 소통과 공감으로 끌어가야 하는 1인 방송은 진정성이 최고의 덕목이다. 그렇다고 단점을 단점으로만 인정하고 마는 건 세일즈 하수나 쓰는 방법이다. 그럼 어떻게 해야 할까? '단점은 아무 문제가 되지 않는다.' '단점이 오히려 장점이 될 수 있다.' 등으로 대안을 제시하면 분위기를 전환할 수 있다.

얼마 전 구매한 섬유 향수 방송에서 이런 일이 있었다. 가격도 저렴하고 품질도 좋아 보였는데, 용량에 관해 셀러가 설명해주지 않았다. 내가 댓글로 "용량이 어떻게 되나요?"라고 물었고, 셀러는 "네~ 용량은 20ml입니다!"라고 답했다. 만약 거기서 대답이 끝났다면 나는 그 제품을 사지 않았을 것이다. '뭐야? 20ml면 금방 다 쓰겠네? 어쩐지 가격이 싸더라니…' 이런 생각을 하고 있던 찰나에 셀러가 이어서 말했다.

"용량은 20ml이지만 지속력이 강해 자주 뿌릴 필요가 없어요. 한 번에 소량만 뿌려도 12시간 이상 지속하기에 실제로 쓰시다 보면 보통 50ml 정도 용량과 사용 기간이 비슷하답니다!" 양은 많지만 자주 뿌려 헤픈 것보다 양이 적어도 지속력이 오래가는 편이 훨씬 낫지 않은가? 그 말을 듣고 난 바로 섬유 향수를 결제했다.

내가 홈쇼핑에서 쇼호스트로 ○○전자의 전기압력밥솥을 판매했을 때의 일이다. 대부분 홈쇼핑에서 파는 압력밥솥이 30~40만원대의 가격에 밥뿐 아니라 찜, 죽, 누룽지, 홍삼 중탕, 삼계탕, 베이킹, 심지어 이유식까지 수도 없이 많은 기능을 가지고 있다. 그래서 실제로 생방송에서도 밥 이외에 삼계탕, 갈비찜, 잡채, 케이크, 홍삼액 등등 오히려 밥보다 압력밥솥을 사용한 응용 요리를 더 많이 보여준다.

그런데 한 번은 10만 원 후반대 밥솥을 판매하게 되었다. 당연히 가격이 저렴한 만큼 대표적인 몇 가지 빼고는 기능이 거의 없었다. 그러다 보니 압력밥솥 뚜껑을 하나씩 열 때마다 보이는, 시청자들의 침샘을 자극하고 눈을 즐겁게 할 화려한 요리도 보여주기 어려웠다. 기존의 30~40만 원대 밥솥 기능에 적응되어 있던 시청자라면 '싼 물건에는 이유가 있네, 이거저거 다 빼고 싸게 파는 거네'라고 생각할 법했다. 그래서 나는 이렇게 멘트했다.

"고가 밥솥에 있는 여러 기능이 많이 빠진 건 맞습니다. 그런데 지금까지 밥솥을 몇 개씩 써오면서 밥 말고 다른 기능은 얼마나 쓰셨어요? 밥솥으로 잡채나 케이크를 만들어 보신 분 계세요? 이 밥솥은 평소 잘 쓰지 않는 기능은 싹 빼고, 딱 필요한 기능만 넣었습니다. 밥 하나만큼은 맛있게 드시라고 만든 겁니다. 온종일 바쁜 우리 아이들, 집에서라도 한 끼 맛있게 집밥 먹이고 싶은 주부님께 권해드려요."

결과는 어땠을까? 대한민국에 밥솥이 필요한 집이 이렇게나 많았나 싶을 정도로 회사가 깜짝 놀랐다로 답을 대신한다. 'No But

Yes'의 화법을 사용해 부정적인 내용 다음에 긍정적인 정보를 이어 제공하면 분위기를 전환할 수 있다. 그래서 상품을 어떻게 팔 것인지에 관한 공부가 정말 중요하다.

일곱, 더 잘 팔리게 입자

1인 방송 라이브 커머스로 상품을 판매할 때는 셀러인 나보다 상품을 더 돋보이게 하는 옷을 입어야 한다. 본인이 예뻐 보이기 위해 너무 화려하거나 패턴이 큰 옷을 입게 되면 상품이 묻힐 수 있다. 특히 상품을 손에 들고 보여주어야 하는 경우는 상품의 색상이 옷 색상과 비슷하거나 같으면 안 된다.

예를 들어, 도트 무늬에 중간중간 캐릭터가 들어가는 하늘색 무릎 담요를 파는 셀러라면 어떤 옷을 입는 게 좋을까? 비슷한 도트 무늬나 체크 무늬 등 패턴이 들어간 의상보다는 담요의 패턴이 잘 보일 수 있게 깔끔한 단색 의상을 입는 것이 좋다.

식품의 경우 검은색이나 파란색은 식감을 떨어뜨리는 컬러라 피하는 것이 좋다. 화이트나 아이보리, 파스텔 등의 컬러에 패턴이 없는 깔끔한 의상에 식감을 자극하는 빨간 색을 포인트로 활용하는 것도 좋은 방법이다. 식품은 옷뿐만 아니라 헤어 스타일이나 메이크업, 손톱까지도 최대한 깔끔한 편이 좋다.

특히 식품을 파는 셀러는 방송에 보이는 손의 상태가 중요하다. 수제 쿠키를 판매하는 셀러가 검은 매니큐어를 바른 채 맨손으로 쿠키를 만지고 자르고 먹는 것을 보고 경악을 금치 못했던 적이 있다. 초콜릿 쿠키를 잡고 있을 때는 쿠키인지 손톱인지 구분이 되지 않을 정도였고, 바닐라 쿠키를 만질 때는 쿠키가 검은 매니큐어에 물이 들 것만 같아 보기가 불편했다. 그녀가 손톱을 지울 수 없는 상황이었을 거라고 좋게 생각하자 싶었다.

그런 상황에서 상품을 핸들링할 때는 위생장갑을 착용해 깨끗하고 안전한 이미지를 주어야 한다. 매니큐어를 바른다면 투명하거나 부드러운 핑크 등 원래의 손톱 색깔에서 크게 벗어나지 않는 깔끔한 컬러를 바르는 게 좋겠다.

화장품을 판매하는 셀러는 실제로 자신의 피부가 좋으면 상품 판매에 훨씬 유리하다. 치렁거리는 귀걸이를 착용하고 패턴이 화려한 옷을 입기보다, 최대한 피부나 얼굴에 포커스가 갈 수 있도록 다른 외적인 치장은 줄이고 목선이 잘 드러나는 심플한 디자인의 의상 입기를 추천한다. 패션이나 이 · 미용 상품의 경우는 셀러가 입거나 바른 모습을 보고 구매하는 경우가 많기에, 특별히 외적인 이미지에 신경을 많이 써야 한다.

1인 방송 라이브 커머스 시청자들에게 셀러의 얼굴이 가까이 보이므로 방송용 메이크업이나 과한 헤어 스타일보다는 자연스러운 스타일이 호감을 줄 수 있다. 때로는 시청자들의 시선을 끌기 위해 셀러가 이목을 집중시키는 의상을 입거나 소품을 사용할 수도 있다. 이때는 의상이나 소품이 너무 과해 상품의 존재감이 떨어지지 않도록 주의해야 한다.

쇼호스트 시절, 어린이 보험 방송을 전문으로 맡았던 때가 있었다. 어느 날 담당 PD가 "쇼호스트가 아이들이 좋아하는 캐릭터의 의상을 입고 방송하면 부모들의 시선을 훨씬 잘 끌 수 있을 것 같아요!"라는 아이디어를 냈다. 당시 우리는 매출을 일으켜 보자는 의지가 대단했기에, 그 의견에 전적으로 찬성했다. 방송 당일 메이크업을 마치고 의상을 입으러 코디실로 갔다가 뒤로 나자빠질 뻔했다. 당연히 백설 공주나 팅커벨 정도의 의상을 생각했는데, 파란색 타이즈 위에 빨간 팬티와 망토… 바로 슈퍼맨이었다.

난 평소 캐릭터도 슈퍼맨과는 거리가 너무나 먼 사람이다. 쇼호스트 중에서도 의상을 상당히 보수적으로 입는 편이라 너무 타이트하거나 노출이 많은 옷은 잘 입지도 않았다. 프로 정신이 뛰어난 쇼호스트라도 전신이 다 방송으로 나오는 스튜디오에서 슈퍼맨 옷을 입고 서 있을 자신이 없었다. 한참 고민했다. 하지만 결국

"그래, 방송을 위해 이 정도는 해야지!" 하고 결단을 내렸다.

슈퍼맨 옷을 입고 생방송을 진행하는데 만감이 교차했다. '부모님들이 보시면 어떡하지?' '다리는 어떻게 하고 있어야 하나…' 등 숨고 싶은 마음과 또 한편에선 '프로페셔널한 쇼호스트라면 이 정도는 할 수 있지!'라는 셀프 위로의 마음, 이렇게 양면적인 마음이 들었다. 웃는 게 웃는 게 아니었지만, 활짝 웃으며 슈퍼맨 옷을 잘 소화했고 나의 살신성인 덕분인지 담당 PD의 선견지명 덕분인지 정말 다행히도 평소보다 훨씬 좋은 매출이 나왔다.

슈퍼맨 의상 말고도 고등어 방송에서는 홍길동 의상, 치킨너깃 방송에서는 치킨집 캐릭터 같은 닭 의상 등 지금 생각해도 의상과 관련된 웃음이 터지는 에피소드도 많다. 아무튼, 당시 영상이 남아 있지 않기만을 간절히 바랄 뿐이다. 1인 방송은 내가 PD라 의상도 방송 콘셉트에 맞게 직접 고를 수 있으니 참 다행이지 않은가?

여덟, 더 잘 팔리도록 소통하자

1인 방송 라이브 커머스가 TV홈쇼핑의 축소판이라고 하지만, TV홈쇼핑과는 아주 다른 점이 하나 있다. 바로 셀러와 시청자 간의 쌍방향 소통이다. 이 점 덕분에 1인 방송 라이브 커머스는 TV

홈쇼핑보다 더 큰 매력과 재미가 있다. 라이브 커머스 방송에서 셀러가 시청자의 이름을 불러주며 인사하고 댓글에 반응을 보이면 시청자로서는 신기하고 흥미로워 더욱더 생생한 현장감을 살릴 수 있다.

이런 셀러의 친절한 응대는 고객을 방송에 참여하게 하여 함께 방송을 만들어나간다는 일체감을 줄 수 있고, 생방송 중에 쉽사리 채팅방을 빠져나가지 못하게 하는 장치가 되기도 한다. 그러므로 셀러는 댓글 소통을 최대한 활용해야 한다. 댓글을 꼼꼼하게 읽어주고 성의 있게 답을 하며 때로는 셀러가 시청자에게 질문하여 대답을 유도하다 보면 자신의 방송에 점점 더 많은 고객을 끌어들여 더 오랫동안 참여하게 할 수 있다.

이럴 때 지금 상품에 대한 고객들의 반응이 좋다는 점과 이미 주문까지 완료한 고객도 많다는 점을 방송 중에 틈틈이 알려주는 편이 좋다. 왜냐하면 사람들은 다른 사람이 하는 행동에 더 쉽게 설득될 수 있기 때문이다. 줄을 서서 대기하더라도 손님이 많은 유명한 식당에서 밥을 먹고 싶은 마음은 누구라도 마찬가지이듯, 이런 분위기가 만들어지면 '나도 한번 사볼까?' 하는 생각이 들 수 있다.

TV홈쇼핑 방송을 보면 쇼호스트들이 상품 설명 중간마다 "아!

지금 주문이 너무 많아 대기 시간이 길어지고 있는데요." "오늘따라 주문량이 많네요." "한 분이 여러 개를 구매하셔서…" 등 이런 멘트를 자주 하는데, 이 역시 살까 말까 고민하는 고객들을 구매로 유도하기 위해 전화기를 들도록 부추기는 테크닉 중 하나이다.

또 하나 중요한 포인트는, 댓글 소통에 너무 치중하느라 셀러가 생각했던 방송 흐름이 무너져 중심을 잃지 않도록 해야 한다. 이렇게 되면 셀링 포인트 전달도 안 될뿐더러 도대체 이 사람은 무얼 팔려는 건지 시청자 입장에서 파악하기 어려울 때도 있다.

어느 날 수공예 목걸이를 판매하는 셀러의 라이브 방송을 본 적이 있었다. 그런데 이 셀러 역시 댓글 소통에 너무 신경 쓰고 있었다. "오늘 제가 소개할 상품은요~ 안녕하세요 ○○ 님! 제가 직접 디자인한… □□ 님도 안녕하세요? 오늘 특별히 제가 예쁘다고요? 하하 머리카락을 염색해서 그런가? 아 오늘 소개할 상품은 제가 직접 디자인한 목걸이인데요. 이게 소재가 뭐냐면… △△ 님 안녕하세요? 오랜만에 들어오셨네요~ 아 제가 이걸 직접 디자인을 한 건데요……." 이런 대화와 멘트가 계속 이어지면서 방송이 시작된 지 10분 이상 지났는데도 판매하려는 상품이 무엇인지 제대로 알 수 없어 그 방을 나와버렸던 적이 있다.

1인 방송 라이브 커머스 셀러라면 방송에서 자유롭게 소통하되, 제품 설명에 일정 시간 몰입해 시청자들이 셀링 포인트를 놓치지 않게 짚어주고, 방송 중에 들어오는 고객들을 위해 판매 상품의 포괄적인 특징과 콘셉트 등은 반복하여 말해줘야 한다.

방송 중에 시청자와 소통을 너무 지나치게 해도 문제지만, 소통이 되지 않아 지금 이게 라이브 방송인지 녹화 방송인지 시청자가 헷갈리는 예도 있다. 소리가 울려 셀러의 말이 메아리치듯 겹치고 옆에서 사람 소리까지 웅성웅성 들려 상당히 산만한 분위기의 판매 방송을 본 적 있다. 방송에 참여한 시청자들이 소리가 울리고 주변 소리까지 들려 방송에 집중되지 않는다고 계속 댓글로 클레임을 올렸다. 그런데 그 셀러는 그에 관한 반응이 전혀 없었다. '누가 뭐라고 하든지 내 알 바 아니다!'라는 듯 본인이 하고 싶은 말만 계속 이어갔다. 그러자 클레임 댓글을 올렸던 사람들이 언짢은 말을 또 댓글에 올리면서 채팅방에는 상품과는 상관없는 비아냥과 질책이 가득 찼고, 결국 1~2명씩 방송에서 나가버렸다.

방송이 끝날 때까지 계속 지켜본 나는 그녀가 왜 그랬는지 알게 되었다. 모바일 라이브 방송이 처음이라 너무 긴장한 나머지 아무것도 눈에 들어오지 않았던 것이다. 방송이 거의 끝날 무렵에야 본인에게 문제가 있었음을 깨닫고 그제야 사과하며 개선했지만 이미 시청자들은 떠났고 방송도 끝날 시간이었다.

비슷한 예는 또 있다. 식품을 판매하는 방송이었는데, 셀러가 상품을 계속 먹으며 혼자서만 말하고 있었다. 시청자들의 댓글에도 전혀 반응하지 않고, 오직 본인 이야기만 하염없이 하고 또 했다. 왜 저러나 싶어 한참을 지켜보는데, 셀러의 말을 듣고서야 그 이유를 알게 되었다. 댓글 확인용 탭이 고장 났고 방송을 촬영하는 휴대전화는 멀리 있어 댓글이 보이지 않았단다.

어쩔 수 없는 상황이었고 셀러 역시 얼마나 답답했을지 이해는 된다. 하지만 소통이 되지 않으니 생방송임에도 생동감이라고는 하나도 없는, 마치 녹화영상을 보는 듯한 느낌이었다. 셀러가 고군분투하며 꽤 열심히 먹고 상품에 관해 설명도 열심히 했지만, 라이브 같지 않은 라이브 방송이라 시청자 수도 현저히 적었고 판매 또한 잘되지 않아 보였다.

반면 이런 사례도 있다. 나는 셀러가 라이브 방송을 시작하고 가장 먼저 어떤 멘트를 말하는지 관심을 두고 보는 편이다. 한번은 본인이 직접 만든 만두를 판매하는 셀러가 있었는데, 채팅방에서 댓글 인사를 하는 고객들을 반갑게 맞고 있는 와중에 '막걸리 한 사발'이라는 닉네임의 고객이 채팅방에 들어왔다. "막걸리 한 사발 님 안녕하세요? 요즘에 '막걸리 한 사발'이라는 노래를 트로트 경연대회에서 어떤 가수가 불러 엄청나게 유행이 되고 있죠? 저도 이 노래 너무 좋아해요. 여러분도 이 노래 아시죠? 제가 조금 불러 볼까요?"라며 "막걸리 한 사발~~~" 하며 노래를 잠깐 불렀다. 그러더니 곧 "막걸리에 만두 안주 어떠세요?"라며 자연스럽게 상품 소개와 연결했다. 센스가 참 돋보이는 셀러였다.

1인 방송은 자유로운 소통이 장점이긴 하지만, 판매 방송일 때는 시청자와 소통하며 주변 이야기를 하더라도 너무 생뚱맞은 이야기는 하지 않는 편이 좋다. 위의 수제 만두를 파는 셀러처럼 자연스럽게 상품과의 연결 고리를 만들어 판매에 도움이 되는 쪽으로 시청자의 관심과 흥미를 유도하기를 권한다.

또한 셀링 포인트를 잡고 판매 전략을 세우는 데에 고객의 질문은 정말 중요하다. 여러 사람이 같은 질문을 반복한다면 그 질문이 고객들이 가장 궁금해하는 셀링 포인트가 될 수 있다. 그래서 셀러는 댓글로 올라오는 고객의 질문을 놓치지 않아야 한다.

아홉, 외울 건 좀 외우자

1인 방송 라이브 커머스를 보며 셀러가 가장 미덥지 못할 때는 판매 상품의 브랜드나 상품명, 가격 같은 기본 정보를 자꾸 틀리게 말하거나 기억을 못 해 멘트를 하다가도 머뭇거리는 모습을 자주 보이는 경우이다. TV홈쇼핑은 화면에 'L바'라는 자막이 상시

노출되므로 쇼호스트가 상품명이나 가격 또는 주요 정보가 갑자기 생각이 나지 않거나 헷갈릴 때 화면 자막으로 커닝할 수 있다. 그런데 1인 방송에서는 그런 커닝이 통하지 않는다.

어느 프로그램에서 출연자가 폴리페놀Polyphenol, 우리 몸에 있는 유해산소를 해가 없는 물질로 바꿔주는 항산화 물질 중 하나이라는 용어를 프로포폴Propofol, 페놀계 화합물로 흔히 수면마취제라고 불리는 정맥마취제이라고 잘못 말하는 일이 있었다. 금방 실수를 알아채고 바로 정정하긴 했지만, 정말 큰 실수였다. 큐 카드Cue-Card, A4 용지 절반 정도 크기에 방송이나 프리젠테이션 내용을 개요 중심으로 옮겨 적은 카드로 상품 정보를 줄줄 읽는 경우도 있는데, 이 역시 썩 좋아 보이지는 않는다. 셀러라면 상품을 판매할 때 상품의 기본 정보 정도는 틀리지 않게 외우기를 권한다.

1인 방송 라이브 커머스의 생명은 양방향 소통과 생생한 현장감이다. 싱싱하게 살아 펄떡이는 활어회 같은 방송이어야 한다. 또 1인 방송 라이브 커머스에서는 대본을 따로 쓰지 않기를 권하지만, 그렇다고 아무 준비 없이 막무가내로 방송해서는 안 된다. 1인 방송 라이브 커머스는 TV홈쇼핑과 비슷하긴 해도 시청자들과 양방향 소통을 하다 보면 셀러가 준비한 대로 방송이 흘러가지 않을 확률이 높다. 우왕좌왕 하다 보면 본인이 정말 원하지 않는 방향으로 라이브 방송 시간을 흘려보낼 수밖에 없을 때도 있다.

이때 가장 좋은 방법은 상품 설명과 시연의 순서를 정해 키워드 중심으로 큐 카드를 만드는 것이다. 방송에 들어가기 전에는 이 큐 카드로 상품의 키워드에 해당하는 내용을 입 밖으로 소리 내어 여러 가지 버전으로 연습하고, 방송 중에는 필요할 때 잠깐씩 참고만 한다. 그럼 방송 전 준비하고 공부한 내용과 고객과의 소통을 위주로 물 흐르듯이 자연스럽게 방송을 진행할 수 있다.

이런 식의 큐 카드 연습은 순서가 어떻게 바뀌든 시청자에게 어떤 질문이 들어오든 상관없이 순발력 있게 대처할 수 있는 좋은 방법이다. 라이브 방송 첫 오프닝에서 어떤 내용으로 어떻게 상품과 연결하여 시청자의 호감과 궁금증을 끌어낼지 미리 고민하고 연습하는 것도 추천한다.

만약 1인 방송 라이브 커머스로 과일 레드향을 판매한다고 가정해보자. 이때 준비한 내용을 빠뜨리지 않고 달달 외우겠다는 생각이나 희망 사항은 버리고, 큐 카드에 번호를 매겨 해야 할 말이 떠오를 수 있게 실마리가 되는 중요한 단어나 문구 중심으로 간단하게 작성한다. 1시간 기준으로 이 큐 카드를 3~4번 정도 반복한다고 계산한 후 라이브 방송을 시작하면 우왕좌왕 흔들리지 않고 라이브 커머스를 진행할 수 있다. 만약 여러 번 강조해야 하거나 중요한 셀링 포인트라면 글자 크기를 달리하거나 색이 있는 볼펜

등을 사용해 눈에 띄게 강조 표시를 해 놓는 것이 좋다.

큐 카드 예

• 상품명 : 레드향 3kg

1. 오프닝 / 인사
2. 상품 소개 / 라이브 혜택
3. 구성은 3kg 특대과 / 박스 보여주기 / 주먹과 테니스공으로 크기 비교
4. 얇은 껍질과 향 / 엄청난 당도 / 단맛, 과즙 강조!
5. 과즙 설명 – 반 잘라 알갱이 보여주기, 투명 컵에 손으로 짜기
6. 응용 – 에이드, 생과일주스
7. 보관 방법 – 후숙 / 냉장 보관, 먹기 전 꺼내 2~4일 상온 / 사과랑 보관 X
8. 가격 비교 – 농가 직거래로 20% 다운 강조!
9. 구성과 가격 한 번 더 강조!

열, 이런 돌발상황에는 요렇게 대처하자

라이브 방송을 하다 보면 어쩔 수 없는 여러 가지 돌발상황이 발생할 수밖에 없다. 방송 중에 휴대전화 삼각대가 쓰러져 화면 꺼지기, 보풀 제거기 시연 중 니트 스웨터에 구멍 내기, 양념 돼지 껍질을 너무 강한 불에 구워 겉은 타고 속은 익지 않았는데 맛있

게 먹는 모습 보이기 등 셀 수 없이 많다.

나 역시 쇼호스트 시절 생방송에서 일어난 여러 돌발상황으로 아찔했던 경험이 많다. '불'과 관련한 일화를 하나 털어놔 보자면, 오븐이나 생선구이 기계를 방송할 때 빠지지 않는 시연이 있다. 기름을 낙낙히 부어 달군 프라이팬에 역시 기름기 많은 생선인 고등어를 올리고 신문지를 덮은 후 기름이 얼마나 많이 튀고 연기는 얼마나 많이 나며 얼마나 번거로운지를 보여주는 것인데, 이는 가정에서 생선을 구울 때 겪는 불편함을 표현한 작업이다.

그런데 한번은 고등어를 덮은 신문지가 가스레인지 불에 닿아 불이 나버렸다! 신문지에도 기름이 잔뜩 튀어 있던 터라 정말 위험하고 무서운 상황이었다. 잘못하면 크게 화상을 입을 수도 있는 상황에서 재빨리 프라이팬을 옆으로 치운 후 "이런 상황이 집에서라고 일어나지 않겠어요? 정말 조심해야겠어요!"라고 멘트하며 판매 상품인 '전기 생선구이 그릴' 설명으로 자연스럽게 연결했다. 일부러 '불 쇼'를 한 것은 아니지만, 이런 돌발상황에서 잘 대처한 덕분에 고객들의 공감을 얻어 많은 매출을 올렸었다.

또 순금 주얼리 방송을 할 때 있었던 일이다. 주얼리 방송에서는 다소 노출이 있는 타이트한 드레스를 많이 입는데, 그날도 어깨가 훤히 드러난 드레스를 입고 의자에 앉아 순금 주얼리를 판매하는 방송을 하고 있었다. 주얼리는 대표적인 비주얼 상품이므로 다른 상품들과 비교해서 소위 말하는 '조명발'이 꽤 중요하다. 그래서 내가 주얼리 방송을 할 때마다 지인들이 안 본 사이에 성형이라도 했느냐고 할 정도로 조명이 사람도, 주얼리도 실물보다 훨씬 예쁘게 보이도록 한다. 그 조명발을 위해 주얼리 방송에는 조명의 개수도 많고 조도도 강하다.

그날도 어깨가 후끈할 정도로 강한 조명을 받으며 열심히 상품에 관해 설명하고 있는데 갑자기 '펑~~' 하는 소리와 함께 스튜디오가 술렁거렸다. 무슨 일인가 싶어 모니터를 봤더니 세상에! 조명이 터지면서 내 뒤로 우아하게 내려져 있던 금색 커튼에 불이 붙어 불길이 내 머리카락을 향해 번지고 있었다! 평소 같으면 "꺅~~" 하고 소리를 지르며 허둥지둥 피했겠지만, 생방송 중이었고 내가 계속 카메라에 비치고 있어 비명을 지르지도, 자리를 피할 수도 없었다. 그래서 아무 일 없듯 하던 멘트를 재빨리 자연스럽게 마무리하고 담당 PD가 화면을 자료 소개 영상으로 넘기자마자 잽싸게 자리를 옮겨 불길을 피할 수 있었다. 그때만 생각하면 등골이 오싹, 아니 등골이 뜨겁다.

과거에 '렌지 ○○○'라는 상품을 판매한 적이 있다. 렌지 ○○○

에 음식 재료를 넣고 전자레인지에 넣어 몇 분 돌리기만 하면 요리가 되어 나오는 '편리함'과 '신기함'을 콘셉트로 하는 제품이었다. 그날 방송의 가장 핵심은 렌지 ○○○으로 맛있게 완성된 음식을 시청자들에게 보여주는 것이었다.

첫 번째 시연은 전자레인지에서 가열된 렌지 ○○○에 날달걀을 깨 넣으면 그 열기로 바로 달걀 프라이가 되는 모습을 보여주는 것이었다. 그런데 일생일대 위기가 닥쳤다. "고객님들~ 이 제품은 설명이 필요 없고요. 가스레인지 프라이팬 없이도 얼마나 편리하게 요리가 되는지 바로 보여드릴게요!" 나는 자신만만하게 첫 번째 전자레인지를 열고 달궈진 렌지 ○○○ 위에 날달걀을 탁! 깨었다. 계획대로라면 날달걀이 치~~ 소리를 내며 바로 달걀 프라이가 되어야 했다. 그런데 날달걀이 렌지 ○○○ 한가운데에 덩그러니 놓여 있었다. 당혹스러워 이마와 등줄기에 땀이 났다. 함께 출연한 연예인 게스트도 당황한 기색이 역력했다.

우리는 울지도 웃지도 못한 채 서로 마주 보았고, 서둘러 다음 전자레인지 문을 열었다. '이번에는 제대로 되었겠지?' 하며 두 번째 렌지 ○○○의 뚜껑을 열었는데 이번에도 함박스테이크가 하얗게 냉동된 모습 그대로였다. 매대 위에는 6대 정도의 전자레인지가 줄지어 서서 우리가 열어주기만을 기다리고 있었는데, '이번에는, 제발 이번에는!' 하며 꺼낸 요리 모두가 시금치는 푸릇푸릇한 그대로이고, 달걀찜도 달걀 물 그대로, 잡채는 생채소에 불린 당면의 모습 그대로였다. 내가 지금 꿈을 꾸고 있는 건가 싶었다. 만약 꿈이라면 이건 악몽 중의 악몽이었다.

알고 보니 너무 많은 전자레인지가 동시에 작동되면서 전기 장치에 과부하가 걸려 전자레인지가 작동을 멈춰버렸었다고 한다. 그 상품은 전자레인지로 시연해 보여주는 게 전부인데 전자레인지가 작동되지 않으니 남은 시간 동안 말로만 때울 수도 없어 1시간 생방송이 결국 17분 만에 종료되었다. '수량 부족'이라는 눈 가리고 아웅 같은 어설픈 구실로 다음 방송을 기약하며 하얗게 질린 얼굴로 급하게 방송을 마무리했다.

다시 그때로 돌아간다면 그렇게 미숙하게 대처하지는 않았을 듯하다. 만약 지금 같은 상황이 발생한다면 시청자들에게 솔직하게 상황을 설명하고 정중하게 사과한 다음 이후 방송에서 더 잘 준비해 곧 돌아오겠다고 양해를 구하고 싶다.

가장 좋은 돌발상황 대처 방법은 돌발상황이 생기기 전에 미리 준비하고 체크하는 것이지만, 방송 중 어쩔 수 없이 생긴 돌발상황에 대해서는 '솔직함' 이상의 방법은 없다고 생각한다. 1인 방송 라이브 커머스는 셀러와 고객과의 친밀한 소통이 큰 장점이다. 만약 셀러가 방송 중 실수했다 하더라도 솔직하게 고백하고 시청자들과 같이 웃으며 분위기를 전환한다면 훨씬 인간적이고 친근한 느낌이 들 것이다. 그러니 돌발상황이 생겼다면 당황하지 말고 솔직해지자!

열하나, 카메라가 돌아가는 와중에는 절대 웃음을 잃지 말자

쇼핑의 세계에서는 항상 즐겁고 신나느라 시간 가는 줄 몰라야 한다. 그래서 TV홈쇼핑 방송에는 화면에 현재 시각이 나오지 않는다. 쇼핑 세계에서 놀다 시간을 확인하고 다시 현실 세계로 돌아가려는 고객을 붙잡기 위함이다. 홈쇼핑 방송에 빠져들어 상품을 사려고 하는 순간 시각을 확인하고 "어? 이제 나가야 하네." "어머나, 애들 올 때가 다 되었네. 빨리 장 보러 가야겠다." 등 이런 현실적인 생각이 들지 않도록 홈쇼핑은 계속 고객이 방송 안에서 즐기도록 붙잡는다.

TV홈쇼핑 생방송은 배경음악도 늘 흥겹고 경쾌하다. 쇼호스트는 우울한 개인 사정이 있다고 해도 항상 밝고 친절한 모습으로 상품을 판매해야 한다. 사회적으로 좋지 않은 이슈가 있을 때도 그 사건을 방송에서 언급하거나 그런 분위기를 시청자가 느끼도록 해서도 안 된다.

TV홈쇼핑은 시청자들이 채널을 돌리다가 우연히 방송을 보게 될 확률이 높지만, 1인 방송 라이브 커머스는 시청자가 일부러 찾아보거나 필요해서 보기 때문에 시청자들이 방송에서 이탈하지 않도록 흥미를 끌 수 있는 재미있는 방송을 해야 한다. 특히 시청자들의 반응이 썩 좋지 않다고 해서 셀러가 기분이 다운되거나 상한 티를 내어서는 안 된다. 셀러가 상품을 잘 팔아보겠다는 의지가 보이지 않는다면 시청자 누구라도 불안하고 믿음이 가지 않아 상품을 사고 싶어 하지 않는다.

한번은 어떤 셀러가 생방송을 시작하고 몇 분이 지나도 시청자가 기대만큼 늘지 않자 한숨을 쉬고는 "오늘 왜 이렇게 사람들이 안 들어오지? 그냥 나중에 다시 방송할게요…"라고 하고는 일방적으로 방송을 종료한 일이 있었다. 순간 '이게 뭐지? 나랑 동시에 시청하던 20여 명의 접속자는 사람으로 안 보였나?' 싶어 상당히 당황스러웠다.

가게에 쇼핑하러 들어갔는데 손님이 없어 짜증이 난다고 사장이 구경하던 손님까지 다 나가라고 하는 모습과 뭐가 다른가? 이렇게 쫓겨난 손님은 다시는 그 가게를 찾지 않으리라는 건 명백한 일이고, 이는 1인 방송 라이브 커머스에서도 마찬가지이다.

TV홈쇼핑 방송에서도 간혹 보면 매출이 좋으면 너무 흥분하고, 매출이 좋지 않으면 점점 분위기가 처지거나 처지는 기분을 들키지 않기 위해 지나치게 오버하는 등 어떻게든 티가 나는 쇼호스트들이 있다. 반면 매출이 좋은 쇼호스트들의 방송을 보고 있으면 항상 대박이 난 듯한 분위기이다. 잘 팔리니 그렇기도 하지만, 실제로 그렇지 않은 때도 쇼호스트는 절대 의기소침하거나 방송 분위기를 다운시키지 않는다. 늘 즐겁고 유쾌하게 방송한다.

1인 방송 라이브 커머스에서도 진짜 고수들은 시청자 수가 많든 적든, 상품이 잘 나가든 나가지 않든 늘 포커페이스를 유지한다. 그들의 방송을 보면 항상 상품 판매가 잘되는 듯 보여 유쾌하고 즐거운 분위기가 이어진다. 셀러의 밝은 에너지에 신뢰를 느껴 살까 말까 고민하던 시청자들도 상품 구매로 이끌 수도 있다.

셀러는 단 한 명의 시청자만 방송을 보더라도 최선을 다해 그 고객을 놓치지 않도록 하는 마음가짐이 필요하다. 시청자의 구매결정 시기는 제각각 다르고 특히, 고민이 필요한 상품이라면 방송 종료 시점에 한꺼번에 구매가 이루어지는 일도 많기에 인내심을 가져야 한다. 그리고 셀러는 시청자가 셀러를 또다시 보고 싶고 만나고 싶도록 방송 내내 밝은 표정과 기분 좋은 목소리 등 선량한 이미지를 유지할 수 있도록 마인드 컨트롤을 잘해야 한다.

상품마다 잘 맞는 판매 방법이 따로 있다

화장품

"오늘 제가 소개해 드릴 상품은 무려 50%나 할인해요! 대박이죠?" 시청자와 댓글로 인사를 나눈 귀여운 느낌의 셀러가 오늘 판매할 상품 설명에 관한 첫 마디를 열었다. 50% 할인이 셀링 포인트라고 생각한 모양이다. 20%도 아니고 30%도 아닌 무려 50%할인이라니, 방송 시작 전부터 자신감이 넘쳤을 거다.

그런데 셀러의 말대로 이 50% 할인이 대박이 될 수 있는 상품은 잘 알려진 브랜드의 생필품이나 공산품 혹은 식품, 아니면 꾸준히 판매되어 계속 재구매가 이루어지거나 입소문이 난 제품 등이다. 그런데 그 셀러가 판매할 상품은 본인의 판매 방송에서도 처음 공개하고, 고객들도 어디서 보았거나 들은 적도 없는 기초 화장품 세트였다. 이럴 때는 셀러의 '50% 할인' 멘트가 상품이 무엇인지도 잘 모르는 시청자들에게는 그다지 큰 의미가 없다.

화장품을 사는 사람의 심리를 들여다보면 화장품을 어떻게 팔아야 하는지에 관한 답이 나온다. 일반적으로 화장품은 매일 쓰는 생필품이기도 하지만, 아무런 목적이나 기대 없이 사용하는 상품이 아니다. 지금보다 더 좋아지고 싶은 마음이나 지금 수준을 유지하고 싶은 마음에서 선택한다. 이는 우리가 건강식품을 선택하는 기준과도 비슷하다. 화장품을 사는 사람은 다음 3가지 기준으로 상품을 선택할 가능성이 높다.

첫 번째, '브랜드에 대한 신뢰'이다.

누가 만들었는지도 모르는 화장품을 매일 내 얼굴에 바르고 싶은 사람은 없다. 누구나 알 만한 브랜드라면 굳이 브랜드에 관한 설명을 장황하게 늘어놓을 필요는 없지만, 만약 앞에서 언급한 셀러가 판매한 낯선 브랜드라면 언제 창업한 회사이고 주로 어떤 화장품을 만들어 왔으며 대표 상품은 무엇이고 화장품 제조에 관해 창립자가 어떤 마인드를 가졌는지 등 시청자에게 믿음을 줄 수 있는 설명이 필요하다.

그러니 판매 방송 전에 제조사를 조사하거나 취재해서라도 시청자의 신뢰를 쌓을 만한 브랜드의 이야기를 찾아 스토리텔링으로 만들어 보는 편이 좋다. 광고 모델이 있다면 얼굴이 나온 브로슈어 같은 인쇄물을 보여주거나 국내에서는 유명하지 않아도 수출을 많이 해 오히려 해외에서 더 유명하다든가 회사 대표가 약사 출신이라든가 천연성분만 고집하는 회사라든가 특허받은 기술력이 있다든가 등 공신력 있는 정보를 찾아 스토리텔링 형식으로 만들어 시청자에게 브랜드에 관한 믿음을 주는 것은 화장품 판매 방송의 가장 기본이다.

두 번째, '성분'이다.

브랜드에 관한 믿음이 생겼다고 해서 바로 구매해 매일 얼굴에 바르는 사람 역시 없다. 원료는 무엇인지, 이 성분들이 피부에 어떤 작용을 하는지, 발랐을 때 자극 반응은 없는지 등을 설명하는 일은 음식으로 말하자면 이 요리에 음식 재료는 무엇을 썼는지 분석하는 것에 해당한다.

화장품 성분 원료를 설명할 때는 모든 원료를 설명하기에는 시간이 부족하니 가장 핵심적인 대표 원료를 중심으로 소개한다.

유기농 원료나 고가의 화장품에 들어가는 희소한 원료나 특허 받은 성분 등이 있다면 비중 있게 소개하고, 만약 이런 자랑거리가 없다면 포함된 원료 중에서도 이미지가 좋은 몇 가지 원료를 대표적으로 언급하면 된다. 성분에 자신 있으면 패키지의 성분표를 카메라 가까이 가져가 보여주는 것도 좋은 방법이다.

세 번째, '사용감'과 '사용 후 효과'이다.

화장품은 지금 내가 사용하는 화장품보다 이 셀러가 판매하는 화장품을 쓰면 내 피부가 더 좋아질 것이라는 기대 심리로 구매하므로 이 부분에 대한 설명을 꼭 해주어야 한다.

진정한 판매 고수는 이 부분에서 드러난다. 기초 화장품은 색조 화장품처럼 영상으로 바로 결과를 보여줄 수 없다. 오로지 셀러의 말재주와 피부로만 보여줄 수 있다. 바로 보여줄 수 없는 효과를 시청자들에게 전달하기 위해서는 다양한 표현법을 연구할 필요가 있다. "좋아졌어요!" "촉촉해요~ "매끈해요!" 등 이런 단순 심심한 표현 말고, 시청자들의 마음에 확 꽂힐 만한 표현에는 무엇이 있고 어떻게 할 수 있을지 고민해봐야 한다.

듣는 순간 머릿속에 구체적으로 그려지듯이 최대한 생생하게 이야기해 주는 편이 좋다. "아침에 세수하다가 손바닥에 닿는 피부 결에 깜짝 놀랐어요. 내 피부가 이렇게 매끄러웠었나?" "피부가 촉촉해지고 맑아지니까 선크림만 바르고 나가도 자신감이 생겨요!" 등의 표현은 듣는 순간 '오, 그럼 나도 한번…?'이라는 흥미를 들게 하는 표현들이다. 만약 기능성 제품이라면 "꾸준히 발랐더니 주름이랑 기미가 정말 눈에 띄게 많이 좋아져서, 오랜만에 본 친구가 요즘 얼굴에 무슨 시술을 받았냐고 자꾸 물어봐서 웃음 참느라 혼났어요!" "동창회에 갔는데 피부는 내가 제일 좋은 것 같아서 명품가방 들고 온 친구에게 기죽지 않았다니까요?" 등 피부가 개선된 효과 부분을 강조하는 표현을 써서 말하는 게 좋다.

특히 화장품은 그 어떤 상품보다 셀러의 간증이 매출에 영향을 크게 주는 상품군이다. 셀러의 체험을 시청자에게 진정성 있게 전달하기 위해 다양한 본인의 이야기를 수집하고, 효과에 관한 근거를 제시하기 위해 이미 상품을 구매해 사용한 고객들의 후기를 읽어주는 것도 판매를 유도하는 데 많은 도움이 된다.

이렇게 화장품을 판매할 때 ①브랜드 ②성분 ③효과 이 3가지를 기준으로 제형이나 발림성 등을 짚어주는 설명도 필요하다. 한 번씩 보면 실제 나이는 50세 전후이지만 피부 나이는 30대 같은 쇼호스트도 많은데, 이런 셀러가 하는 화장품 판매 방송은 대부분 매출이 좋다. 이렇듯 화장품이라는 상품에 관해 시청자의 공감을 끌어내고 구매를 설득하여 결제까지 유도하기 위해서는 셀러의 피부가 그만큼 중요하니 화장품 판매를 콘셉트로 하는 1인 방송 라이브 커머스를 준비하는 셀러라면 평소 피부 관리에도 공을 들이기를 추천한다.

다시 처음으로 돌아가, 앞에서 언급했던 셀러가 방송 초반부터 강조한 '50% 할인'이 메리트가 있으려면 이 모든 것이 만족하였을 때에야 가능하다. '한번 써 볼까?' 하는 마음이 든 시청자에게는 50% 가격 할인이 꽤 괜찮은 메리트로 느껴질 수 있다. 하지만 처음부터 50% 할인이라며 시청자의 기대를 높여 놓은 상태에서 정작 상품이 고객을 만족시키지 못했다면 50%가 아니라 90% 할인이라도 시청자는 그 가격이 비싸다고 느낄 수 있다.

1인 방송이라 얼굴에 바른 모습을 화면 가까이에서 보여주기 어렵다면 손등에 발라 보여주자. 이때도 혼자 바르고 혼자 보는 건 라이브 커머스를 하는 의미가 없다. 카메라에 손을 가까이 대서 화장품을 바른 모습을 시청자들에게 보여주어야 하고, 조명 등을 사용해 영상에서도 촉촉함이 확실하게 보이도록 손등을 이리저리 움직여가며 보여주어야 한다. 또 향을 맡는 모습을 보여준 후 향에 관한 자세한 설명도 필요하다. 바르는 방법, 유통기한, 사용기한, 보관 방법 등도 기본적인 정보이니 꼭 팁 등으로 이야기해 주는 편이 좋다.

그리고 앞에서도 말했듯 셀러 자신의 피부를 가꾸는 노력도 소홀히 하지 말자. 일단 화장품은 피부가 좋은 사람이 팔아야 시청자들을 더 쉽게 설득할 수 있다. TV홈쇼핑 회사에서도 얼굴이 예쁘고 피부가 좋은 신입 쇼호스트가 입사하면 주로 이 · 미용 쇼호스트로 키워진다. 어느 정도 나이가 든 베테랑 이 · 미용 경력 쇼호스트들도 피부에 끊임없이 돈과 시간을 투자해 관리한다. 1인 방송 라이브 커머스의 가장 큰 장점이 '고객이 생생하게 간접 체험할 수 있도록 하는 것'임을 잊지 말자.

또한 셀러라면 자신이 파는 상품을 다양한 시각으로 바라보고 연구할 필요가 있다. 홈쇼핑에서 오랫동안 히트했던 미용 팩이 있다. 그런데 원래는 팩이 아니라 비누였다. 하지만 세안할 때 물에 적셔 거품을 낸 후 얼굴에 문질러 세안한 다음, 한 번 더 거품을 내어 팩처럼 얼굴에 올려놓고 몇분 후 씻어내는 사용법으로 마케팅이 되면서 정말 많은 인기를 얻었었다. 나 역시 쇼호스트 시절 상품의 콘셉트를 바꾸어 판매에 성공한 경험이 있다.

지금은 얼굴에 붙이는 시트형 마스크 팩이 트렌드이지만, 예전에는 물에 되직하게 개어 얼굴에 바른 다음 떼어내거나 씻어내는 팩이 인기를 끌었었다. 대표적인 예가 '황토 팩'인데, 황토 팩의 미투 브랜드Me Too Brand로 나온 '진주 팩'이라는 제품이 있었다. 새하얀 진주 가루를 앰플에 개어 붓으로 얼굴 전체에 바르는 팩이었는데, 바르는 팩 시장에서는 이미 황토 팩의 영향력이 워낙 컸었기에 하얀색 팩을 얼굴에 바르는 자체가 사람들에게는 생소했었다. 당시 팩이라고 하면 자고로 황토 팩이 진리였기에, 흰색 팩이 얼굴 전체를 덮고 있으니 무슨 달걀귀신 같다는 둥, 얼굴만 둥둥 떠다니는 유령 같다는 둥 하며 고객들로부터 외면을 당했었다.
이판사판 마지막 판으로 딱 한 번만 더 방송해 보고 안 되면 포기하자고 상품 담당 MD가 최후의 결정을 내렸다. 그 비장한 마지막 방송에 당시 이 · 미용 파트 리더였던 내가 캐스팅되었다. 주어진 한 번의 기회가 이 상품을 살릴 수도, 완전히 퇴출당하게 할 수도 있다고 생각하니 어깨가 무거웠다.

기존 방송과 같은 콘셉트로는 달라질 게 없어 보였다. 생방송 전 1차 상품 미팅을 하고 몇 날 며칠을 고민한 후 2차 미팅 때 내가 제안했다. "어차피 얼굴 전체에 바르는 팩은 황토 팩을 따라잡을 수 없으니, 아예 진주 팩은 눈 밑 기미 부위에만 발라 칙칙한 눈 밑을 진주처럼 깨끗하게 만들어 준다는 콘셉트로 바꿔보는 건 어때요?" 담당 PD, MD, 업체 모두 지푸라기라도 잡는 심정으로 동의했고 긴장된 마음으로 드디어 결전의 생방송에 들어갔다.

눈 주변과 볼 주변의 피부에 기미나 잡티 등이 많아 안색이 칙칙한 모델들을 섭외해 스튜디오에 쭉 앉혀놓고, 내가 직접 모델들의 칙칙한 부위에 진주 팩을 붓으로 발라주며 멘트를 했다.

"얼굴 전체에 다 팩을 바르면 좋은 곳이나 좋지 않은 곳이나 똑같이 개선되어서 여전히 눈 밑, 볼 주변은 다른 피부와 비교해 어두워 보일 수밖에 없잖아요? 내가 평소 화장할 때도 파운데이션이나 컨실러로 몇 번씩 더 두드리고 감추는 그 부위만 먼저 이렇게 붓으로 발라주세요. 수정 펜으로 지우듯이 싸~악! 이렇게 국소 부위가 개선되고 나면 그 이후에 얼굴 전체에 팩을 발라 얼굴 톤 자체를 밝게 만들면 되는 거예요."

과연 결과가 어땠을까? 초~ 대박이 나버렸다! 퇴출의 벼랑 끝에 섰던 상품이 콘셉트에 변화를 주면서 새롭게 부활한 것이다. 부도 위기에 있던 업체 사장님은 방송이 끝나고 눈물을 흘리셨고 그 모습을 보는 나도 마음이 찡했다.

TV홈쇼핑에서는 매출이 좋으면 계속 생방송이 편성된다. 그 이후 진주 팩 방송이 급격하게 늘어났고, 황토 팩의 틈새 상품으로 포지셔닝 되면서 방송 때마다 매진을 이어가더니 그해 히트 상품으로 자리 잡게 되었다. 업체 사장님도 마음고생이 크셨을 텐데, 진주 팩의 부활로 그동안 진 빚도 갚고 그 후 새로운 상품도 개발하게 되었다는 소식을 들었을 때는 나 역시 정말 기뻤다.

쇼호스트로 20년 가까이 활동하며 수많은 상품 판매 방송을 했고 여러 가지 성공과 실패의 사례들을 겪었지만, 이 진주 팩 상품은 세월이 지나도 잊히지 않는 케이스이다. 많은 분이 쇼호스트가 그렇게 매출을 많이 올리면 상품별로 인센티브가 있지 않냐고 질문하는데, 그런 건 전혀 없다. 무언가를 더 받고 말고의 문제가 아니라, 쓰러져 가는 중소기업이 다시 재기하는 데에 도움이 되었다는 자부심만으로도 나는 충분히 보상받았다고 생각한다.

1인 방송 라이브 커머스를 하면서도 주어진 대로만 상품을 바라보지 말고 다양한 각도에서 상품을 연구하고 판매 전략을 짠다면 이러한 성공사례는 얼마든지 나올 수 있다.

색조화장품

과거 홈쇼핑에서 '미네랄 파운데이션'이라는 제품이 처음 등장했을 때의 일이다. 미네랄 파운데이션은 기존에 있던 리퀴드 타입의 파운데이션이 아닌, 돌가루를 곱게 갈아 만든 유해성분 제로의 파우더 타입 파운데이션이었다. 파우더를 블러셔에 묻혀 얼굴에 골고루 펴 발라주면 되는 획기적인 상품이었는데, 그 구성 안에는 동그랗고 작은 용기에 선홍색 파우더가 포함되어 있었다. 업체의 설명으로는 선홍색 컬러는 볼 터치나 입술에 글로스랑 섞어 사용하면 된다고 했다.

당시 이 · 미용 전문 쇼호스트로 활동 중이라 다양한 이 · 미용 분야의 신상품을 맡아 생방송을 진행한 경험이 많았지만, 그중에서도 이 상품은 워낙 생소했기에 방송 전부터 고민이 많았다. 그 상품 방송에는 얼굴이 예쁘면서 도전 의식도 강한 후배 쇼호스트가 서브로 캐스팅되었다. 나는 '미네랄 파운데이션'과 '리퀴드 파운데이션'의 차이점과 얼굴용 파운데이션을 맡아 설명하기로 하고, 후배는 추가로 구성된 선홍색의 미네랄 가루를 사용해 여러 가지 응용 메이크업을 보여주는 것으로 역할을 나누었다.

내가 맡은 설명과 시연 순서가 끝나고 후배의 차례가 되었다. 당시 바빠 충분히 연습하지 못했던 탓인지, 아직 신입이라 생방송이 떨려서 그랬던 것인지… 아무튼 참사가 일어났다. "고객님~ 이 선홍색 미네랄 가루는 이렇게 쓰시면 되어요. 굳이 블러셔도 필요 없고요. 저는 손으로 쓱쓱 바르거든요?"라면서 선홍색의 미네랄 가루를 손가락에 푹 찍어 눈두덩이에 거침없이 발랐다.

후배는 거기서 멈추었어야 했다. 눈두덩이에 이어 "이걸 볼에 바르면 이렇게 예쁘게 발색이 되지요!"라며 볼에도 바로 쓱쓱 발라버렸다. 눈두덩이에는 바르지 말았어야 했고, 볼에는 바르는 양을 조절했어야 했는데… 그래서 어찌 되었느냐고 물으신다면, 예쁜 내 후배의 얼굴이 시골 장터의 피에로가 되어버렸다. '망했다'라는 생각도 잠시, 후배는 어떻게든 자연스럽게 만들어보려고 손으로 계속 문질러 댔으나 점점 선홍색이 붉게 번지면서 걷잡을 수 없게 되었다. 극단적 사례이긴 하지만, 그만큼 색조화장품은 시연이 잘되어야 한다는 점을 말해주고 싶어 봉인했던 기억을 들추어 보았다.

파운데이션이나 에어쿠션처럼 발색이 셀링 포인트가 되는 색조화장품은 무조건 사용 전후의 드라마틱한 효과가 판매로 이어지는 핵심이다. 얼굴을 반으로 나누어 Before와 After를 보여주어도 좋고, 맨얼굴에서 시작해 얼굴 전체를 점점 커버하는 모습을 보여주는 방법도 있다. 맨얼굴로 카메라 앞에 나서는 것을 쭈뼛쭈뼛 자신 없어 하는 셀러들이 있는데, 그러면 자신이 파는 상품에도 자신감이 없어 보이니 민망해도 당당하게 시연하자.

손등을 사용해 발색과 커버력을 보여주어야 할 때는 한쪽 손등 전체에 골고루 발라 바르지 않은 손등과 정확히 무엇이 어떻게 달라졌는지 영상만으로도 차이가 보이도록 해야 한다. 이런 종류의 색조화장품은 방송 전에 여러 번 연습과 테스트를 통해 라이브 방송에서 가장 효과적인 비주얼을 보이도록 해야 한다. '하다 보면 되겠지' 하는 생각으로 생방송 중에 과감하게 시연했다가 잘못되면 셀러가 괜히 오버하는 거짓말쟁이가 되어 버린다.

색조화장품의 발색이 방송에서 잘 표현되지 않을 수도 있다. 조명이 너무 밝으면 화면이 뿌옇게 날려 제대로 보이지 않고, 조명이 어두우면 온통 칙칙해 보인다. 그러니 조명에 신경 써서 각자의 상황에 맞게 가장 잘 표현되는 밝기와 각도를 찾아야 한다. 얼굴에 바르면 잘 표현되지 않는 제품이나 색상 간의 비교가 필요할 때는 손등에 바른 다음 보여주는데, 이때는 입이 가려지지 않게 가슴 정도 위치에 손등을 두는 것이 좋다.

그 외 '자외선 차단'이나 '워터프루프' 등의 기능적인 부분을 생활 속 상황과 연결하여 설명하고, 성분에 특이점이 있거나 패키지가 고급스럽다면 그것도 포인트가 되니 챙겨서 설명하자.

의류

나의 지인 중 온라인 쇼핑몰을 운영하면서 1인 방송 라이브 커머스로 옷을 판매하는 사람이 있다. 그녀는 예전부터 패션 감각도 있고 소싱하는 능력도 탁월했는데, 처음에는 카메라 앞에서 옷을 판매해 본 경험은 없었기에 어디서부터 어떻게 방송해야 할지 굉장히 막막해했다. 무엇보다 의류 판매는 방송 내내 서서 진행하고, 계속 옷을 갈아입으며 설명까지 해야 해서 처음에는 정신이 하나도 없었다고 한다.

그리고 가장 큰 문제는, 라이브 커머스만 시작하면 머릿속이 하얘져 무슨 말을 해야 하는지 하나도 모르겠다며 나에게 SOS를 청했다. 그런 그녀에게 의류 상품의 기본적인 판매 노하우를 알려주었는데, 그 후 그녀는 점점 자신감도 생기고 매출도 늘어나 지금은 아주 의류 셀러로 날아다닌다.

의류 판매 방송에서 가장 기본적으로 설명해야 하는 요소는 옷의 '디자인' '컬러' '원단(소재)' '사이즈' '핏' '코디 방법' '활용도' 정도이다. 여기에서 가격이 저렴해도 원단이 좋다면 소재를 강조하는 편이 좋고, 브랜드 스토리텔링도 추가되면 상품 설명 내용이 더욱더 풍성해진다. 옷은 대표적인 비주얼 상품이므로 일단 방송에서 예쁘게 보여야 시청자의 관심을 끌 수 있다. 그래서 셀러가 옷을 입은 모습이 정말 중요하다. 어떤 라이브 방송에서는 셀러가 옷은 입어보지 않고 아예 손에 들고서 설명하는 경우도 있었는데, 그런 방식은 그다지 권하지 않는다.

라이브 방송에서 옷을 보여줄 때는 먼저 전신이 다 나오도록 와이드 하게 보여주어 시청자들이 디자인의 전체적인 느낌이나 분위기를 알 수 있게 하되, 소매 끝단의 디테일이라든가 강조하고 싶은 디자인 포인트는 카메라에 가까이 다가가 보여준다.

컬러는 조명 아래에서 방송을 통해 보이는 컬러와 자연광 아래에서 보는 실제 컬러가 다를 수 있으니 실제 컬러가 화면보다 '더 짙다' '더 옅다' '붉은 기가 많다' 등으로 정확한 정보를 주는 것이 좋다. 그리고 사이즈는 실제 길이와 품이 어느 정도인지 시청자가 가늠할 수 있도록 옷을 입고 있는 셀러의 키와 몸무게, 상의 사이즈나 하의 치수 등의 정보를 주거나 더 정확하게 옷의 단면 실측 길이를 제공하면 좋다. 예를 들어, "제 키가 164㎝인데요. 스커트 길이가 무릎 위로 5㎝ 정도 올라오니까 160㎝ 정도의 키라면 끝단이 무릎 바로 위에 올라온다고 생각하시면 되겠어요." "키가 165㎝ 이하라면 힙을 완전히 덮는 길이고요. 170㎝ 전후이면 힙이 반 정도 가려진다고 보시면 됩니다." 이렇게 말이다.

다음은 원단(소재)이다. 가격이 고가인 옷일수록 원단을 강조하면 더욱더 시청자의 흥미를 끌 수 있다. 옷의 가격을 결정하는 가장 큰 요인 중 하나가 원단이다. 원단이 좋아야 옷의 핏이 살고 착용감도 좋다. 고급스러운 분위기를 낼 수 있고 오래 입을 수 있어 따지고 보면 더 경제적이다.

원단을 설명할 때는 혼용률이 적힌 옷의 태그가 보이게 카메라에 가까이 다가가 원단의 질감과 촉감, 느낌 등을 셀러가 직접 손으로 만지며 설명하는 것을 추천한다. 만약 원단의 혼용률에 경쟁력이 없다면 옷의 질감 정도만 보여주어도 된다. 가격이 저렴한 옷이나 내세울 만한 소재가 아니라면 굳이 소재에 연연하지 않아도 된다.

한 셀러가 의류 매장에서 라이브 방송으로 옷을 판매하고 있었다. 처음에는 호기심으로 보기 시작했는데, 시청자들과 소통도 재미있게 하고 배경음악에 맞추어 노래도 흥얼거리며 몸도 살짝살짝 흔드는 등 1인 방송의 묘미를 제대로 보여주고 있었다. 그 모습이 재미있어서 계속 방송을 보았다. 그날은 20만 원대 롱코트를 판매하고 있었는데, 옷에 관한 설명을 30분 정도 들을 동안 아무리 기다려도 원단에 관한 이야기가 없었다.

겨울 코트는 원단에 따라 얼마나 따뜻하고 착용감이 좋은지 결정되는데, 원단에 자신이 없어 일부러 이야기하지 않는 건가 싶어 댓글로 옷의 소재를 물었다. "원단이요? 그건 좀 확인해볼게요"라며 그제야 옷의 태그를 찾아 확인하고 있었다. 잠시 정적이 흐른 후 그녀는 "울이 90%, 나일론이 10%네요"라고 무심하게 대답하고는 다시 다른 이야기를 시작했다.

울이 90%나 들어갔으면 고급 원단이라고 할 수 있다. 그 정도 가격에 울 90%의 예쁜 롱코트를 사기도 쉽지 않을 것 같았다. 그런데 그녀는 여전히 소재는 무시한 채 주구장창 디자인이 예쁘다고만 이야기하고 있었다. "울이 90%나 들어갔으니 가벼우면서 따뜻하고, 촉감도 부드럽고 핏도 예쁜 거예요. 이 정도 소재로 이런 디자인이면 명품브랜드나 백화점에서는 보통 얼마 정도 하는지 아시죠?" 또는 "이 가격이면 울이 많이 들어가도 70% 정도인데, 울이 90%나 들어갔다는 것은 그 정도로 유통마진을 줄였다는 뜻이죠!" 등 20만 원의 돈으로 얼마나 가치 있는 쇼핑을 할 수 있는지를 그녀는 시청자들에게 적극적으로 설명했어야 했다.

혹시 제조가 국내가 아니라서 가격이 저렴할 수도 있겠다 싶어 댓글로 또 한 번 제조국이 어디냐고 질문을 올렸다. 이번에도 마찬가지로 조금만 기다려 달라고 하며 확인하다가 안 되니 다른 직원에게 알아보라고 지시했다. 곧 직원이 알아 왔는지 "아, 제조국은 한국이에요"라고 역시 무심하게 말했다. 내가 중요하다고 생각하는 점을 그녀는 대수롭지 않게 여기는 듯 보였다. 제조국도 옷의 봉제나 마무리 등을 짐작할 수 있는 포인트가 된다. 나는 그녀에게 '안쪽도 보여달라' '봉제 상태가 궁금하다' 등 몇 번씩이나 댓글로 캐물었고, 이것저것 궁금한 점이 해결되니 가격 대비 디자인도 예쁘고 퀄리티도 좋다는 판단이 들어 결국 구매했다.

셀러 역시 롱코트 판매에 성공하기는 했지만, 시청자가 궁금해할 정보를 조금만 더 빨리 제공했다면 구매도 그만큼 빨랐을 것이다. 겨울 코트 같은 외투나 퀄리티가 좋은 옷을 디자인으로만 셀링 포인트로 잡는 건 판매 전략을 잘못 세운 것이다. 의류 판매를 콘셉트로 하는 셀러라면 더 많이 팔 수 있는 판매 전략을 세울 수 있게 미리 공부하고 분석해야 한다.

다음은 코디 방법과 활용도 제안이다. 요즘은 옷을 판매하는 방송을 할 때 크로스 코디를 할 수 있는 다른 옷과 함께 판매하는 게 트렌드이다. 함께 구매하면 여러 벌의 느낌으로 코디할 수 있음을 직접 보여주고 거기에 맞는 이너웨어와 구두, 핸드백, 스카프 같은 소품 활용법들도 셀러가 직접 코디해 보여주는 것이 좋다. 방송을 보는 시청자가 '인형 옷 갈아입히기 놀이'를 보는 듯한 재미를 느낄 수 있기도 하고, 옷의 크기와 핏을 가늠할 수도 있으며 '이 옷을 사게 되면 어디에다가 어떻게 맞춰 입지?' 하는 고민의 시간을 줄여주어 구매 결정을 앞당길 수도 있다.

셀러가 방송 중에 입고 있는 모양새로는 핏을 보여주기가 부족하다면 카페나 거리에서 그 옷을 입고 있는 사람의 모습이 담긴 사진이나 트렌드를 보여줄 수 있는 패션 잡지 등을 활용해 비주얼적인 면을 보완하는 것도 좋은 방법이다. 또한 브랜드 히스토리나 디자이너의 철학 등을 스토리텔링으로 들려주면 상품의 가치도 높이면서 방송에도 재미를 더할 수 있다. 예를 들어, 클래식하면서도 자연스러운 멋과 트렌드를 배제하지 않는 세련되고 품격 높은 이미지를 추구하는 의류 브랜드 '카운테스 마라Countess Mara'의 경우 다음과 같이 브랜드 스토리텔링을 하고 있어 시청자들의 흥미를 끌고 있다.

"이 브랜드는 사실 예전에는 아무나 살 수 없는, 특별한 사람만이 입을 수 있는 브랜드였어요. 미국의 백작 부인Countess 마라Mara가 자신의 남편을 위해 자수 디자인의 독특한 넥타이를 손수 만들었는데요. 백작 부인이 오직 한 사람, 자신의 남편만을 위해 직접 옷을 만들다 이것이 남편의 친구들과 상류사회 인사들에게 알려지면서 명성을 얻게 되었다고 해요.

그 후 한정 수량으로 제작되어 고가로밖에 판매할 수 없게 된

브랜드인데요. 디자인당 딱 50벌만 제작해 '백만 명 중 한 사람만을 위한 디자인'으로 유명했답니다. 그러다가 이 브랜드 제품이 미국 대통령의 취임식에 증정되면서 전 세계에 알려지기 시작했고, 미국의 가수 겸 배우 프랭크 시나트라Frank Sinatra도 이 카운테스 마라를 입었다네요."

마지막으로 비율이다. 카메라의 위치가 낮을수록 다리가 길어 보이고 비율 또한 좋아 보여 방송에서 옷이 예뻐 보인다. 반면 실내에서 슬리퍼를 신고 옷을 입은 모습을 보여주면 웬만한 8등신 모델이 아니고서는 다리가 짧아 보여 옷도 예쁘게 보이지 않는다. 될 수 있으면 옷의 콘셉트에 맞게 신발도 맞추어 신는 걸 권한다. 그리고 직접 입고 핸들링할 옷은 실오라기가 붙어 있지는 않은지, 지퍼는 잘 작동하는지 등 방송 전에 꼼꼼히 체크하길 바란다.

식품

식품 방송의 가장 핵심은 당연히 '맛'이다. '맛있어 보이게 보여주고 맛있게 먹는 것'이 전부라 해도 과언이 아니다. 식품 방송 셀러는 방송을 보는 시청자들이 군침을 흘리며 당장 저 식품을 먹고 싶다고 느끼게 만들었다면 일단 방송은 성공이다. 불판 위에서

지글지글 고기가 굽히고 있는 모습, 송골송골 이슬이 맺힌 신선한 홍로紅露의 반짝거리는 껍질, 국내산 반건조 오징어의 탱탱함과 두툼함, 김이 모락모락 나는 큼직한 핫도그 등 가능한 만큼 카메라 쪽으로 가까이 가져가 식품의 신선함과 먹음직스러움을 리얼하게 보여주어야 맛있어 보인다.

뜨겁게 먹어야 하는 음식은 뜨거워 보이게, 신선식품은 신선하게 보이도록 해야 시청자가 식품의 식감까지 상상할 수 있다. 부글부글 끓는 탕이나 김이 모락모락 나는 따끈한 어묵바를 더욱더 맛있게 보여주려면 배경지나 앞치마가 네이비나 검은색이면 더 좋다. 과일이나 채소 등은 방송 시작 전에 스프레이로 물을 뿌려두면 방송에서 이슬이 맺힌 듯한 신선한 느낌을 줄 수 있다. TV홈쇼핑 방송에서는 육류나 생선, 과일 종류를 판매할 때 더 신선하게 보이려고 드라이아이스를 사용하기도 한다.

식품 방송에서 식품 자체가 맛있게 보이는 것만큼 중요한 게 또 있다. 바로 셀러가 맛있게 먹는 모습이다. 자신이 파는 식품을 셀러가 맛있게 먹는 모습보다 더 좋은 설명이 없다. 식품 판매 방송을 잘 알지 못하는 사람들은 TV홈쇼핑 방송 중에 식품 방송이 가장 쉬운 줄 안다. 자신이 먹는 걸 좋아하니 식품 방송 모델로 추천해 달라는 사람도 꽤 있었다. '그냥 맛있게 먹으면 되는 거 아니야?'라고 생각할 수 있지만, 그게 다가 아니다! 카메라 너머로 '맛있음'을 보여주는 행위에는 철저한 연구와 계산이 필요하다.

'사과 깨무는 소리 장인' J가 사과를 판매할 때는 그 명성에 걸맞게 아사삭~ 하고 사과 베어 무는 소리가 크고 신선하게 느껴진다. 그 소리만으로도 침이 고여 당장 저 사과를 먹고 싶은 마음이 생긴다. 그래서 어떤 셀러보다도 사과 판매 매출이 좋다고 한다. 그 비법이 궁금해 넌지시 물어본 적이 있었다. "넌 어떻게 그런 소리가 나?" 무슨 특급비법이라도 있나 했는데, 이야기를 들어보니 그 사과 먹는 소리는 그냥 나온 소리가 아니었다.

J는 사과를 맛있게 먹는 모습과 소리를 위해 끊임없이 연습했노라고 말했다. 어떤 각도에서 얼마만큼 입을 벌려 어느 정도 베어 물었을 때 가장 맛있게 보일지, 또 아사삭~ 소리가 어떻게 했을 때 크고 상큼하게 들릴지를 이렇게도 먹어보고 저렇게도 먹어봐서 자신만의 방식을 터득했다고 한다. 트릭이 있는 게 아니기에 자신의 구강 구조나 입의 크기에 맞도록 각자가 맛있는 소리를 찾기 위해 연구해야 한다고 했다. 역시 식품 판매 전문 셀러답다.

맛뿐만 아니라 향이나 냄새도 자세히 설명하는 편이 좋다. 예전 TV홈쇼핑 방송에서는 맛있다는 표현을 다소 과하게 했었다. 쇼호스트들은 무엇이든 입에 들어가면 띠요옹~ 눈이 커지면서 지금 당장 그 자리에서 쓰러질 듯이 맛있음을 표현했다. 그래서 식품 판매 전문 쇼호스트들은 텐션이 높은 사람들이 주로 캐스팅됐었는데, 요즘은 트렌드가 많이 바뀌어 식품도 너무 과하지 않고 진정성 있는 진행 스타일을 선호하는 분위기이다.

무조건 맛있다가 아니라 '젊은 여성들이 좋아할 맛' '아이들이 좋아할 맛' '아이들은 조금 맵겠지만 어른들에게는 딱 좋다' '짜게 드시는 분들은 좀 싱겁게 느껴질 수 있다' 등 다소 주관적이더라도 맛 표현을 정확하게 해줄 필요가 있다. 그리고 음료를 마시는 모습을 보여준다면 정면보다는 측면으로 얼굴을 돌리는 편이 좋은데, 측면이 음료를 마시는 모습이 더 실감 나게 잘 보인다. 컵이 기울어져도 얼굴이 가려지지 않을 뿐 아니라 목구멍으로 꿀꺽꿀꺽 넘어가는 모습이 소리와 함께 식감을 자극할 수 있다.

TV홈쇼핑은 주로 2명이 함께 식품 방송을 진행하지만, 1인 방송 라이브 커머스에서는 주로 셀러 혼자 방송을 진행하므로 먹으면서 멘트까지 하기가 정말 어렵다. 먹으면서 너무 많은 말을 하려고 하면 멘트도 잘 전달이 되지 않을뿐더러 지저분해 보일 수도 있다. 최악의 경우는 목에 사레가 걸려 방송을 보는 시청자를 향해 음식물을 뿜을 수도 있다. 먹는 모습을 보여주겠다면 우선 시청자에게 더 맛있게 보이고 들리기 위해 맛과 소리를 표현하는 데에 집중한 다음 멘트를 해도 괜찮다. 입은 다문 채로 고개를 끄덕이거나 눈을 크게 떠서 놀라울 정도로 맛있음을 표현하면 꼭 말로 하지 않아도 시청자에게 그 느낌을 전달할 수 있다.

또 하나의 핵심은 '믿을 수 있는 재료'와 '신선도'이다. 먹거리에 관한 불안감이 점점 커지고 있는 요즈음이라 신선식품은 원산지에 관한 정보를 제공하고, 가공식품은 재료의 출처와 생산 공정에 관한 설명을 해서 소비자들에게 믿음을 주는 것이 중요하다. 그래서 요즘은 SNS 등을 통해 직접 재배하고 수확하거나 채취한 농산물이나 수산물 등을 판매하는 농민들과 어민들의 판매 상품이 좀 더 믿음이 간다.

그분들은 전문 방송인이 아니기에 방송에서 보이는 모습은 다소 서툴고 어설프다. 그렇지만 직접 수확하고 채취한 농산물과 수산물의 원산지와 생산자가 정확히 공개되고 상품에 관한 진정성까지 느껴져 더욱더 시청자의 구매 욕구를 끌어당기게 한다. 식품 방송에서는 배송 상태를 상자째 그대로 보여주는 것이 좋고, 보관 방법에 관한 정보와 더 맛있게 먹는 여러 가지 활용 방법을 알려주는 것도 시청자들의 구매 의향을 자극하는 데에 도움이 된다.

건강식품을 비롯한 다양한 식품을 파는 셀러라면 시청자에게 믿음을 주는 일을 생명처럼 여겨야 한다. 말을 청산유수처럼 잘한다고 믿음이 가는 것이 아니다. 때로는 말은 다소 어눌해도 진정성 있는 모습이 더 진실해 보인다. 그러니 먹거리를 판매할 셀러라면 하나라도 더 팔기 위해 과장된 표현을 남발하지 말고, 정직함을 생명처럼 여기며 진실하게 상품을 판매하는 것이 중요하다.

이렇게 글로 풀어 설명하기는 했지만, 솔직히 개인적으로는 여러 상품군 가운데 식품 방송이 가장 어렵게 느껴진다. 맛있고 복스럽게 잘 먹으면서 멘트까지 정확하게 해야 하는 일이 결코 쉽지 않기 때문이다. 한 번은 맛있게 먹는 모습을 보여주려고 하다가 웃음이 터져 방송 사고가 난 적도 있다.

식빵 믹스를 물과 함께 넣고 버튼만 누르면 빵이 만들어지는 제빵기 판매 방송을 후배 남자 쇼호스트랑 했었다. 간편한 사용 방법과 갓 구워진 빵을 맛있게 먹는 모습을 보여주는 것이 매출을 부르는 핵심이었다. 제빵기에서 막 꺼낸 갓 구워진 빵은 오븐에서 금방 나온 빵과 마찬가지여서 상상 이상으로 굉장히 뜨겁다. 손으로 빵을 뜯기조차 힘든데 바로 입에 넣고 씹으며 맛까지 표현하기란 결코 쉬운 일이 아니다.

후배와 나는 맛있게 먹어야만 한다는 막중한 사명으로 뜨거운 빵을 거침없이 뜯어 먹기 위해 면장갑을 두 개씩이나 겹쳐 끼고 비장하게 방송에 들어갔다. 생방송이 시작되었고 간편한 사용 방법을 잠깐 설명한 후 빵이 얼마나 맛있게 완성되었는지 보여줄 차례였다. 나와 후배는 제빵기에서 빵을 하나씩 꺼내어 반으로 쭉 쪼갠 다음 김이 모락모락 나는 모습을 보여주었다.

역시나 담당 PD가 그때부터 우리와 연결된, 귀에 꽂은 이어피스를 통해 "이제부터 먹방 타임~ 맛있게 먹어요!"라는 말을 계속 했다. 담당 PD는 제빵기에서 금방 꺼낸 빵이 얼마나 뜨거운지 잘 모르는 것 같았다. 내가 후배 입으로 빵 덩어리를 닭고기 뜯듯 뜯어 계속 넣어주면 후배 역시 내 입으로 빵을 뜯어 넣어주는 등 주거니 받거니 하며 먹방을 했다. 뜨거워 어쩔 줄 몰랐지만, 목구멍으로 빵을 겨우 넘기며 계속 맛있다는 격한 리액션을 반복했다. 매출을 위해서라면 이 정도는 감수해야 한다고 생각하며 정말 열심히, 맛있게 먹었다.

그런데 둘 다 먹느라 멘트할 사람이 없어 어느 시점부터는 나만 말을 하면서 후배 입으로 여전히 뜨겁게 김이 나는 빵을 뜯어 넣어주었다. '이 녀석은 뜨거운 빵을 잘도 받아먹는구나!'라고 생각하는 찰나, 후배의 입에서는 더는 못 참겠다는 듯 뜨거운 빵이 뿜어져 나왔다. 금방 만든 먹음직스럽고 따끈따끈한 빵을 맛있게 먹는 모습을 시청자들에게 보여주겠다는 의욕이 너무 과했던 나머지 입으로 들어갔던 빵이 다시 밖으로 튀어나오는 대형 사고가 일어난 것이다.

그런데 난 꼭 그렇게 심각한 상황에서 웃음이 터지는 실없는 병이 있다. 후배 역시 웃음을 참지 못하는 듯했다. 웃으면 안 되는 상황에서 웃음이 멈추지 않을 때의 고통은 겪어보지 않은 사람은 절대 모른다. 결국 카메라는 우리 앞에 진열된 빵만 이리저리 훑을 수밖에 없었다. 지금도 그때 생각을 하면 식은땀이 난다.

전자기기

TV홈쇼핑 생방송 중 레전드 방송 사고가 있다. 모 홈쇼핑의 헤어기기 방송이었는데, 게스트로 출연한 방송인이 누구나 쉽게 할 수 있음을 보여주기 위해 그 헤어기기에 앞 머리카락을 무심히 말아 살짝 돌려 뒤집었다. 문제는 그 후였다. 자연스러운 웨이브를 보여주려던 그녀의 앞 머리카락은 감전된 번개맨처럼 되어버렸다. 아주 오래된 일이지만, 이 생방송 영상은 지금도 '우울할 때 보면 좋은 영상'으로 유튜브에 남아 있다.

헤어 고데기를 비롯해 전동 클렌저, 메이크업 브러쉬 세척기, 과일 깎는 기계, 만능 다지기, 핸디형 청소기 등 전자기기를 판매할 때는 딱 2가지만 염두하자. **첫째**, '사용 방법이 정말 쉽다!' **둘째**, '기가 막히게 잘 된다(효과가 뛰어나다)!' 그렇기에 얼마나 시연이 성공적으로 잘되는가에 따라 매출이 좌지우지된다. 이때 중요한 점은 상품의 사용법을 최대한 간단하고 수월하게 보여주는 것이다. 그동안의 불편함을 해소하는 상품이라고 소개하면서 사용 방법이 어렵고 복잡하다면 고객은 이 상품을 살 이유가 없다.

한 주방용품 전문 매장에 직접 나가 주방기기를 판매하는 전문 셀러가 "사용 방법이 정말 간단하고 너무 잘 되요!"라며 입에 침이 마르게 제품을 자랑하는데, 막상 시연 타임이 되자 갑자기 어디에선가 나타난 매장 직원이 기기를 작동해서 보여주었다. 진짜 사용 방법이 간단하고 잘된다면 전문가가 굳이 나와서 시연하기보다 셀러가 직접 보여주는 편이 맞지 않을까? 그래야 시청자들에게 더욱 믿음을 줄 텐데 말이다.

셀러가 직접 시연할 때는 더욱더 철저한 준비가 필요하다. 얼마 전 '만능 다지기' 라이브 커머스 방송을 보았는데, 보는 내가 더 애간장이 타는 순간이 있었다. 셀러가 뚜껑과 본체를 결합해야 하는데 제대로 잘되지 않아 몇 번이나 뚜껑을 열었다 닫았다 해서 맘을 조마조마하게 하더니, 겨우 결합해 채소를 다지는데도 브로콜리 송이가 하나도 다져지지 않고 그대로였다. 다시 한번 더 해보아도 브로콜리는 꿈짝도 하지 않더니 결국 세 번 만에 성공했다. 기기를 제대로 작동하지 못해 칼로 직접 다지는 것보다 시간이 더 걸려버리거나 요령을 몰라 채소가 원하는 만큼 곱게 다져지지 않았다면 이 라이브 커머스 방송은 하지 않느니만 못하다.

이 셀러도 방송 전에 사용법을 연습했을 것이고, 아니면 평소 사용하는 제품일 수도 있다. 하지만 평상시에 사용하는 상품이라도 방송에서는 카메라 앞이고 많은 시청자가 보고 있다고 생각해 긴장되어 그날따라 사용이 잘되지 않았을 수도 있다. 그런데도 1인 방송 라이브 커머스를 하는 셀러라면 정확히 어느 위치에 뚜껑을 본체에 끼워 돌려야 한 번에 결합하는지, 다질 재료를 넣을 때 어느 정도 크기로 잘라 넣어야 걸리지 않고 잘 다져지는지 미리 꼼꼼하게 계산해 방송해야 한다. 특히 방송에서는 시연과 설명을 동시에 해야 하므로 더욱더 노련함이 필요하다.

기기라는 상품은 백 마디 말로 장점을 설명하기보다 한 번의 성공적인 시연이 훨씬 임팩트 있음을 기억하자. 그리고 이런 소형 전자기기들은 '있으면 좋지만 없어도 그만'이라고 생각할 수도 있기에 방송을 보는 시청자들에게 이 제품이 '당신의 생활에 꼭 필요함'을 확실하게 인식할 수 있도록 해야 한다.

그리고 LED 마스크 등 피부나 신체에 직접 적용하는 기기를 판매한다면 '효과'와 '안전성' 이 2가지에 대한 설명을 충실히 해야 한다. 효과가 좋아도 안전하지 않은 상품을 사용할 리 없고, 반대로 안전해도 효과가 없다면 그 상품은 무의미하다. 피부 미용기기의 '효과'와 '안정성' 이 2가지는 판매 설득을 위한 자전거의 앞뒤 바퀴와 같다.

방송이 끝난 후 체크해야 할 점

카메라는 꺼졌지만 셀러의 일은 아직 끝나지 않았다

라이브 커머스 방송으로 물건을 판 셀러가 상품 공급자이냐 판매 대행이냐에 따라 방송 후 절차가 달라질 수 있다. 상품 공급자가 직접 자신의 물건을 파는 방송을 했다면 결제 고객 리스트를 확인하여 배송을 진행하면 된다. 하지만 셀러가 판매 대행으로 방송했다면 2가지 상황으로 나누어질 수 있다.

하나는 셀러가 고객으로부터 결제금을 받아 판매 대행 수수료를 먼저 정산하고 나머지 금액을 상품 공급자에게 입금한 후 구매자 리스트도 함께 넘겨 배송하도록 하는 방법이다. 또 하나는 결제가 상품 공급자의 계좌로 연결되어 있다면 셀러는 구매자 리스트를 상품 공급자에게 먼저 보내 배송하도록 하고, 판매 대행 수수료를 정산받을 수도 있다.

방송 후 상품의 하자나 A/S 등의 민원이 발생했을 때는 상품 공급자가 책임지고 해결해 주고, 사용 방법 등에 관한 상품 문의는 셀러가 맡아 처리하는 것이 일반적이다.

라이브 커머스 방송이 끝났더라도 녹화 영상을 다시 보며 되도록 모니터링하는 것을 권한다. 방송 중에는 잘 모르지만 영상을 반복해서 보며 제품을 설명하며 보여주는 행동이나 시연 등이 잘 되었는지, 또 댓글로 고객과 자연스럽게 소통하며 상품 설명을 물 흐르듯 유연하게 잘했는지, 그리고 무엇보다 셀러인 본인의 외적인 이미지가 화면에 어떻게 나오는지 꼭 확인할 필요가 있다. 이때 나도 모르는 언어 습관이나 시선 처리, 눈 깜박임 등 고쳐야 할 점들이 눈에 띄기도 한다.

이렇게 매번 모니터링한 다음 다음번 방송에서 수정 사항을 반영하며 방송해야 회를 거듭할수록 1인 방송 라이브 커머스 셀러로서 계속 발전할 수 있다.

“

지금 당장 대박을 내기 위해
라이브 커머스를 하라는 뜻이 아닙니다.
라이브 커머스 전성기는
앞으로 2~3년 안에 다가올 것입니다.
그때를 대비하며 내 영역을 만드십시오.
이를 위해 꾸준히 라이브 커머스를
연습해 체화하셔야 합니다.

”

PART

3

'1인 방송 라이브 커머스 셀러' 실전 비법

이미지 관리

카메라 앞에서 당당해지는 이미지 컨설팅

이미지 컨설팅과 라이브 커머스의 만남

한 회사에서 오랫동안 쇼호스트로 생활하다 보니 언젠가부터 나 자신이 더는 발전 없는 고인 물 같은 느낌이 들었다. 신입 시절 느꼈던 가슴 떨리는 설렘도 없어졌고, 젊고 유능한 쇼호스트 후배가 늘어나면서 생방송 기회도 점점 더 줄어들었으며, 새로울 것 없는 반복된 생활에 우물 안 개구리처럼 살고 있다는 자책감이 쌓여갔다. 더 늦기 전에 나를 업그레이드할 무언가가 필요했다.

'나이가 들수록 방송에서 더 매력적으로 보이는 방법은 무엇이 있을까?' '상대방을 끄는 매력이라는 묘한 에너지는 과연 무엇이고, 어떻게 만들어질까?' 등이 늘 궁금하던 차에 '퍼스널 브랜딩'과 '이미지 컨설팅'이라는 분야를 알게 되었다.

처음에는 혼자 인터넷 강의를 들으며 이미지 컨설팅 자격증을 땄다. 그런데 공부하다 보니 이 분야가 알아갈수록 재미있어 좀 더 깊이 공부해보고 싶었다.

본격적인 공부를 위해 한국에서 이미지 컨설팅과 퍼스널 브랜딩 분야의 대모라고 할 수 있는 '정연아 이미지테크'의 정연아 대표님을 찾아갔다. 정연아 대표님과의 첫 만남은 파스타 식당이었다. 실제 만남은 처음이었지만, 20대 때부터 정연아 대표님의 책과 강의를 많이 접했던 터라 어색함이 전혀 느껴지지 않았다.

예순이 넘으셨는데도 건강하고 탄탄해 보이는 몸과 30대처럼 느껴지는 카랑카랑한 에너지 넘치는 목소리가 놀라울 따름이었다. 정연아 대표님을 보며 매번 나이 타령을 했던 나를 반성하게 되었다. 지금은 시니어 모델에 도전 중이시라 매일 워킹 연습을 하러 다니신다고 하니 참으로 대단하시다.

그 만남 이후 정연아 대표님을 통해 주말마다 7시간씩 총 100시간에 걸쳐 이미지 컨설팅 교육을 받고 전문가 과정 자격증을 땄다. 홈쇼핑이라는 울타리 안에서 방송만 하다 새로운 사람들을 만나고 몰랐던 세상을 경험하게 되니, 수업이 있는 토요일이 기다려

졌고 아침부터 해 질 무렵까지 앉아 수업받는 시간도 전혀 힘들지 않았다. 메이저 TV홈쇼핑 회사의 베테랑 쇼호스트로 활동하며 주말마다 아침부터 저녁까지 시간을 낸다는 일이 쉽지는 않았다.

그런데도 총 100시간을 정말 열심히 공부했다. 정연아 대표님은 현직 쇼호스트가 방송인 생업과 병행하며 한주도 빠짐없이 열심히 배우는 내 자세에 항상 칭찬을 아끼지 않으셨고 내가 제자임을 자랑스러워하셨다.

'퍼스널 브랜딩'이란 PIPersonal Identitiy, 개인의 정체성를 분석해 T.P.OTime, Place, Occation에 맞는 최상의 이미지를 만드는 작업이다. 퍼스널 브랜딩은 외모가 아름답지 않아도 타인에게 매력적으로 보이는 방법을 제시한다. 조금 더 구체적으로 설명하면 당연히 인성이나 교양 등의 내적 이미지도 매력에서 큰 부분을 담당하지만, 퍼스널 브랜딩에서는 매력적인 외적 이미지를 위해 본인에게 맞는 요소를 찾아 개발함을 목표로 한다. 여기에는 시각적 이미지인 표정, 헤어 스타일, 메이크업, 패션, 보디랭귀지, 매너 등이 있고 청각적 이미지인 목소리, 말투, 발음 등이 있다.

존경하는 사람이 아무리 칭찬의 당근을 준다고 해도 자유분방하고 즉흥적이며 흥미로운 것만 좋아해 무엇이든 빨리 지루해하는 B형의 특징을 낙낙하게 가진 내가 공부를 꾸준히 할 리가 없었을 텐데, 퍼스널 브랜딩과 이미지 컨설팅이라는 분야가 내게 특별히 더 재미있는 이유가 있었다. 이 분야를 공부해보니 모르는 것을 새롭게 알게 된 점도 많았지만, 그동안의 쇼호스트 경험 하나하나가 이 퍼스널 브랜딩 각 영역 전반에 녹아 있었기 때문이다.

쇼호스트로 일하며 방송마다 방송 콘셉트, 상품 종류, 장소(배경)에 맞게 의상, 헤어 스타일, 메이크업에 늘 변화를 주었다. 보고 경험한 것이 많다 보니 T.P.O에 맞는 의상과 헤어 스타일과 메이크업 정도는 이미 반전문가라는 자신감이 들었다. 서당 생활 3년 차인 멍멍이는 풍월을 읊는다는데, 20여 년 경력의 메이저 TV홈쇼핑 쇼호스트에게 이 정도는 당연하지 않을까?

1인 방송 라이브 커머스 코칭에서도 퍼스널 브랜딩과 이미지 컨설팅이 여러모로 많은 도움이 되었다. 1인 방송에서는 내가 PD이고 진행자이며 카메라맨이라 코디, 분장, 헤어 스타일, 디스플레이까지 모두 담당해야 한다. 방송 규모와 이익이 커지면 비용을 들여 전문가의 도움을 받을 수도 있겠지만 기본적으로는 본인 스스로 해결해야 하는, 말 그대로 1인 방송국이다. 매력적인 1인 방송 진행자로서 시청자의 호감을 얻고 신뢰를 높일 방법! 다음에 나오는 내용만 잘 숙지하면 어렵지 않다.

호박 같은 내 얼굴, 꼭 방송에 나와야 하는 걸까?

지상파 방송국 카메라도 아니고, 본인의 휴대전화 카메라 앞인데도 막상 방송을 시작하려고 하면 "외모에 자신이 없어서" "카메라 울렁증이 있어서" 등등의 이유로 얼굴이 나가는 방송은 못 하겠다고 말하는 사람이 의외로 많다. 한번은 지긋한 연세의 어르신이 1인 방송 라이브 커머스를 하고는 싶은데, 아무래도 얼굴이 나오는 게 쑥쓰럽다며 "혹시 선글라스를 쓰고 방송하는 건 어떨까요?"라고 물은 적이 있다.

알다시피 1인 방송은 지나치게 폭력적이거나 선정적이지만 않다면 하고 싶은 대로 할 수 있는 재미가 있다. 그래서 선글라스를 쓰던 복면을 쓰던 뭐라고 할 사람은 아무도 없다. 하지만 상품 판매가 목적이고, 시청자의 신뢰를 쌓아 더 많은 수익을 올리고 싶다면 꼭 신경 써야 하는 점은 분명히 존재한다.

조회 수가 높고 구독자 수가 많은 유튜브 영상 중에서도 유튜버의 목소리만 나오거나 화면에서 얼굴은 자르고 목 아래부터 영상으로 노출하는 경우가 종종 있다. 콘텐츠에 따라 다르겠지만, 정보 제공이나 재미가 목적이라면 굳이 얼굴을 노출하지 않아도 큰 상관은 없다. 하지만 라이브 커머스라면 이야기는 달라진다.

1인 방송 라이브 커머스를 통해 상품을 사려는 시청자는 상품 자체만 보고 구매를 결정하지 않는다. 상품을 파는 사람, 즉 셀러가 얼마나 진정성 있고 신뢰를 주느냐가 구매 결정의 관건이다. 판매는 설득이다. 설득을 위해서는 상대방의 얼굴, 특히 눈을 보고 마음이 움직이도록 해야 한다. 고객과의 아이 콘택트Eye Contact는 정말 중요하다.

만약 백화점에 물건을 사러 갔는데 매장의 셀러가 선글라스를 쓰고 응대한다면 손님은 어떤 생각이 들까? '최근에 성형수술을 했나?' '눈에 멍이 들었나?' '스타병이 있나?' 등등 이런 상상을 할 것 같다. 선글라스를 쓰고 있는 사람은 내 눈을 볼 수 있지만, 나는 상대방의 눈을 볼 수 없기에 셀러가 진솔한 이야기를 한다 해도 신뢰감을 느끼기는 쉽지 않다. 선글라스를 써야 할 정도로 카메라 울렁증이 있거나 자신감이 부족하다면 라이브 방송보다는 상품을 소개하는 편집 영상을 만들어 올리는 편이 나을 수도 있다.

예전에 공중파 방송 리포터로 사회생활을 막 시작했을 무렵, 한 라디오 프로그램에서 당시 톱스타였던 모 연예인을 인터뷰한 적이 있었다. 라디오 부스에 둘만 앉아 인터뷰해야 하는 상황이었는데, 그 연예인이 얼굴이 반이나 가리는 시커멓고 커다란 선글라스를 쓰고 나타났다. 당시 그는 만나기도 쉽지 않은 대스타였기에 풋내기 방송인이었던 나는 그의 눈동자 대신 선글라스에 비친 내 얼굴을 거울 보듯 보며 그와 인터뷰를 했다.

그런데 참 신기하게도, 눈동자가 보이지 않은 채로 대화를 하다 보니 그의 말이 공허하게 느껴졌다. 지금 하는 말이 진심인지 형식적으로 하는 말인지, 나를 보고 있는 건지 아니면 누구를 보고 있는 건지 구분하기도 어려웠고, 그냥 목소리만 귓가에 맴도는 듯한 느낌이었다. 고작 눈 하나 보이지 않는데 목소리까지 잘 들리지 않은 듯한 이 기억은 20년이 훨씬 지난 지금도 생생하다.

1인 방송 라이브 커머스로 주얼리를 판매하는 셀러가 3명 있다고 가정하자. 첫 번째 셀러는 방송에 얼굴이 아예 나오지 않는다. 카메라는 상품만 비추고, 배경음악과 함께 상품 설명은 목소리로만 전달한다. 두 번째 셀러는 얼굴은 나오지만 검은색 마스크를 쓰고 있다. 셀러가 상품 설명은 열심히 하지만 마스크로 코와 입이 가려져 있어 답답한 느낌이 든다. 세 번째 셀러는 무난한 외모이지만 얼굴을 노출하며 시청자와 아이 콘택트를 하며 상품을 설명한다.

이 3명의 셀러가 1인 방송 라이브 커머스로 같은 목걸이를 판매한다면 당신은 누구의 목걸이를 사고 싶나? 첫 번째 셀러의 방송은 일단 지루하다. 실제로 착용한 모습이 없는 데다 파는 사람을 알 수 없으니 상품에 대한 신뢰도 가지 않는다. 두 번째 셀러의 방송도 얼굴을 반 이상 가리고 있으니 셀러의 표정이 보이지 않아 진심이 읽히지 않고 믿음 또한 느껴지지 않는다. 세 번째 셀러는 시청자와 눈을 마주치며 상품에 관해 설명하니 우선 믿음이 가고, 계속 보다 보면 상품의 호감도도 점점 높아져 신뢰감 또한 쌓이게 된다.

예쁘고 잘생긴 외모는 분명 메리트가 있다. 1인 방송 라이브 커머스에서도 멋진 외모는 고객들에게 호감을 주어 채널 집중력을 높이고 구매 설득에도 많은 도움이 된다. 그럼 외모가 평범하면 상품을 잘 팔 수 없는 것일까? 꼭 그렇지는 않다. 상대방이 신뢰와 호감을 느낄 수 있는 매력적인 외모가 되도록 신경 쓰면 된다.

다행스럽게도 1인 방송의 가장 큰 장점은 친근함이다. 그러기 위해서는 자신을 자주, 그리고 반복적으로 방송에 노출하여 시청자들의 눈에 익숙해지도록 하고 본인의 매력이 돋보이도록 노력하는 작업이 중요하다. 사람들은 외모는 좋지만 처음 보는 낯선 사람보다, 외모는 무난해도 자주 보고 익숙해진 사람의 말을 더 믿는다. 자신감을 가지자! 사람은 자주 만날수록 정이 들고, 자꾸 보여줄수록 설득이 된다.

1인 방송 라이브 커머스에서는 돋보이게 하는 신뢰감 있는 이미지와 상대방이 호감을 느낄 매력적인 외모가 되도록 신경을 쓰는 일이 정말 중요하다. 콘셉트에 맞는 이미지를 만들되 깔끔하고 단정한 외모로 신뢰감을 주면서 호소력 있는 목소리와 제스처, 아이 콘택트 등으로 자신감을 채운다면 외모의 범상함은 얼마든지 커버할 수 있다.

방송에서의 외적 매력 하나, **첫인상에서 시선을 잡아라**

방송콘텐츠진흥재단BCPF에서 진행하는 '대한민국 1인 방송대상 영상 공모전' 심사 경험상 여러 심사위원이 각자 영상을 보고 심사해도 신기하게 1~3등은 거의 비슷하게 나온다. 여러 편의 영상을 보다 보면 처음 몇 초만으로도 영상의 수준을 대충 짐작할 수 있다. 첫인상이 별로였던 영상이 갈수록 좋아져 갑작스럽게 반전이 일어나는 일은 별로 없다. 누군가를 처음 만났을 때 받은 첫인상의 임팩트처럼, 영상 역시 처음 만났을 때 초두 효과Primacy Effect가 발휘되므로 초반에 좋은 이미지를 만드는 것이 중요하다.

그 유명한 '메라비언의 법칙The Law of Mehrabian, 대화에서 시각·청각 이미지가 중요시되는 커뮤니케이션 이론'에서 누군가를 설득하는 데 절대적 비중을 차지하는 것이 '시각적 요인'이라는 점은 1인 방송에서도 당연히 적용되는 이야기이다. 시각적 요인이라고 해서 연예인처럼 잘생기고 예쁜 외모를 말하지는 않는다. 깔끔하고 매력적이면 일단 계속해서 보고 싶다. 우선 시각적으로 눈길을 끌어 호감을 주고, 계속 보도록 유도하는 것이다.

방송에서의 외적 매력 둘,
화면발 잘 받는 나의 퍼스널 컬러를 찾아라

1인 방송을 할 때 본인에게 잘 맞는 '퍼스널 컬러Personal Color, 개인이 가진 신체의 색과 어울리는 색'를 사용하거나, 아니면 적어도 본인과 맞지 않은 컬러를 피한다면 훨씬 좋은 이미지로 보일 수 있다. 그렇다면 과연 나는 '웜 톤Warm Tone'일까? '쿨 톤Cool Tone'일까?

내게는 흰색 우유에 딸기 분말이 살짝 섞인 듯한 베이비 핑크의 재킷이 있는데, 입고 나갈 때마다 주변 반응이 좋다. 특히 사진이나 영상을 찍으면 실제보다 피부가 훨씬 깨끗해 보이고 얼굴도 예뻐 보인다. 핑크 계열의 옷이 여러 벌 있어도 유독 그 옷을 입으면 그렇게 보인다.

원래 그 옷은 내가 산 게 아니다. 친구가 홈쇼핑 방송을 시청하다 예뻐서 샀는데, 그 옷을 입을 때마다 안색이 좋지 않아 보이고 까무잡잡한 피부가 더 도드라져 평소보다 더 못나 보인다는 거다. 덕분에 그 옷의 주인이 되었다.

'다른 사람이 입은 걸 보고 예뻐서 샀는데 내가 입으면 어울리지 않는 옷'과 '친구가 입었을 땐 별로였는데 내가 입으면 얼굴이 확 살아나는 옷'의 차이는 왜 생기는 것일까? 이유는 바로 '퍼스널 컬러'이다. 촬영에서 배우의 얼굴에 반사판을 비추면 굉장히 예뻐 보인다. 그 반사판을 댄 듯 내 얼굴과 이미지를 200% 돋보이게 하는 색이 본인의 퍼스널 컬러이다.

1인 방송에서는 셀러가 자신의 코디네이터이자 스타일리스트가 되어야 한다. 꼭 유명 브랜드의 옷이 아니더라도 자신에게 맞는 컬러 톤의 옷을 입으면 훨씬 매력적인 이미지로 보일 수 있다.

보통 우리는 "난 빨강이 어울려!" "난 초록색은 잘 안 어울리더라…"라고 단정 짓는다. 세상에 존재하는 컬러는 무려 4,500만 가지 정도라고 한다. 즉, '핑크'라도 명도와 채도에 따라 수많은 핑크가 존재한다는 말이다. 그러니 자신에게 맞는 톤의 핑크를 찾아 입으면 된다. 가장 간단한 방법으로, 본인이 웜 톤인지 쿨 톤인지를 아는 것만으로도 많은 도움이 될 수 있다.

'웜 톤'은 말 그대로 따뜻하고 차분한 느낌의 옐로우가 베이스가 된 컬러이고, '쿨 톤'은 시원하고 쨍한 느낌의 블루가 베이스가 된 컬러이다. 예를 들어, 핑크라고 해도 '옐로우가 섞인 따뜻한 느낌의 웜 톤 핑크'냐 '블루나 화이트가 섞인 쿨 톤 핑크'냐에 따라 느낌이 완전히 다르다.

그저 핑크가 잘 어울린다고 단순하게 생각해 그 미묘한 차이를 무시하면 핑크를 입었는데도 얼굴이 아파 보이거나 부어 보이고 잡티나 주름이 많아 보일 수 있다. 반면 본인의 톤에 맞는 핑크라면 얼굴빛이 훨씬 밝아 보이고 피부도 깨끗해 보인다. 자, 그럼 이쯤이면 본인이 웜 톤인지 쿨 톤인지 궁금해질 테니 아래의 표를 보며 직접 진단해 보자.

꼭 전문가나 전문기관에 찾아가지 않고 집에서도 쉽게 자신의 퍼스널 컬러를 진단하고 싶다면 입술 반쪽에는 핫핑크 립스틱을,

웜 톤	쿨 톤
햇볕에 잘 그을린다.	햇볕을 오래 쬐면 빨갛게 익는다.
손목 안쪽의 혈관이 녹색이다.	손목 안쪽의 혈관이 파란색이다.
머리카락은 브라운 컬러 계열이 잘 어울린다.	머리카락은 블랙 컬러 계열이 잘 어울린다.
오렌지 계열의 아이섀도나 립스틱이 잘 어울린다.	핑크 계열의 아이섀도나 립스틱이 어울린다.
아이보리색 셔츠가 잘 어울린다.	흰색 셔츠가 잘 어울린다.
실버보다 골드 계열의 주얼리가 잘 어울린다.	골드보다 실버 계열의 주얼리가 잘 어울린다.
피부가 노르스름하고 구릿빛이 돌며 노란 기가 많다.	피부가 푸르스름하고 핑크빛이 돌며 붉은 기가 많다.

나머지 반쪽에는 오렌지 립스틱을 발라 어떤 쪽이 내게 더 잘 어울리는지 체크해 보아도 알 수 있다. 물론 나에게 맞는 톤을 알게 되었다고, 모든 옷이나 소품, 화장품 등을 다시 살 필요는 없다. 앞으로 새로 살 일이 있을 때 참고하면 되고 가지고 있는 아이템에다가 여성은 스카프나 이너웨어로, 남성은 셔츠와 넥타이로 본인 피부 톤에 맞게 웜 톤과 쿨 톤을 매치하면 된다. 또는 옷뿐만 아니라 방송 촬영 시 사용하는 배경지의 컬러를 선택할 때도 참고하면 도움이 된다.

그렇다면 이번에는 조금 더 구체적으로 나의 퍼스널 컬러가 무엇인지 진단해 보자. 웜 톤과 쿨 톤 중에서도 조금 더 정확히 자신의 피부 톤에 맞는 컬러를 찾을 수 있는 방법이 있는데, 바로 '봄, 여름, 가을, 겨울 사계절 컬러'이다. 먼저 옐로우를 베이스로 한 웜 톤은 다시 '봄 컬러'와 '가을 컬러'로 나눌 수 있고, 블루와 화이트를 베이스로 하는 쿨 톤은 '여름 컬러'와 '겨울 컬러'로 나눌 수 있다. 우선 내가 어떤 계절의 사람인지부터 진단해 보고 계절에 맞는 컬러를 매치해 보자.

'봄'은 노란 개나리가 피어나고 푸릇푸릇한 새잎이 돋아나 만물이 소생하는 밝고 경쾌한 계절이다. 이처럼 봄 유형의 사람은 밝고 생동감 넘치는 동안의 이미지이다. 피부는 밝고 노란빛의 윤이 나며 또래와 비교해 어려 보인다는 소리를 자주 듣는다. 눈동자는 반짝거리는 밝은 갈색을 띠고 생기가 있으며 머리카락은 윤기가 돌고 찰랑거린다. 봄 유형의 사람은 선명한 원색인 비비드 톤Vivid Tone 중에서도 노란 기운이 들어 있는 오렌지, 라이트 오렌지, 노랑, 피치, 라이트 그린이 대표적으로 어울리는 색상이다. 탁하고 어두운 색상인 검정, 카키, 브라운 계열과는 잘 어울리지 않는다. 또 봄 유형의 사람은 순백의 화이트보다는 아이보리나 크림 계열의 색이 잘 어울리고 그레이도 웜 그레이를 매치하면 동적이면서 밝고 가벼운 이미지를 연출할 수 있어 좋다.

'가을' 하면 은행잎, 단풍잎, 낙엽, 황금빛으로 익은 가을 들판, 토실토실 잘 여문 밤 등의 이미지가 떠오른다. 가을 유형의 사람은 성숙한 느낌에 차분하고 따뜻하며 고급스럽고 세련된 이미지이다. 가을 유형의 사람은 봄 유형과는 반대로 또래와 비교해 성숙해 보인다는 소리를 자주 듣고, 피부 톤이 누르스름하며 눈동자색은 짙은 갈색을 띠는 경우가 많다. 가을 유형에 맞는 컬러는 골드, 황갈색, 호박색, 감색, 적갈색, 카키 그린, 코랄, 머스터드, 카멜 컬러 등이 있다.

'여름'은 시원한 바다와 맑고 깨끗한 하늘, 안개가 낀 여름날의

산 등이 연상된다. 여름 유형의 사람은 시원하면서도 부드럽고 여리여리한 인상을 준다. 사계절 중 가장 우아하고 시크한 이미지이자 부드러우면서도 세련된 이미지이다. 핑크빛이 도는 혈색 좋은 피부 톤이고 햇볕에 붉게 잘 익는 편이다. 차분하고 부드러운 갈색 눈동자를 지닌 경우가 많다. 여름 유형의 사람은 파스텔 톤이 어울리는데 하늘색, 파스텔 핑크, 레몬 옐로, 민트 그린, 연보라, 퍼플 블루, 퍼플 그레이 등 맑고 차가우며 깨끗하고 사랑스러운 이미지의 컬러가 잘 어울린다.

여름이 부드러운 소프트아이스크림 느낌의 차가움이라면, 겨울은 흰 눈이 내리는 긴 밤과 차갑고 딱딱한 얼음 느낌의 차가움이다. '겨울' 유형은 블랙&화이트처럼 극과 극이 매칭되는, 현대적이고 단단하며 도시적인 이미지를 가진 사람이다. 피부가 하얗다 못해 투명하거나 아예 누렇거나 혹은 까무잡잡한 사람이 겨울 유형이고, 눈썹과 머리카락 색이 짙거나 눈동자가 강렬하고 개성이 강한 스타일의 사람이다. 겨울 유형의 사람은 사계절 컬러 중 가장 강하고 심플한 스타일로, 딱 떨어지는 스타일의 연출이 어울린다. 블랙과 화이트를 비롯해 버건디, 와인, 초콜릿 브라운, 딥 퍼플 등 차갑고 극단적이며 강렬한 무채색이 잘 어울린다. 이런 사계절 퍼스널 컬러는 1인 방송에서 의상을 고를 때뿐 아니라 메이크업과 헤어의 컬러를 선택하는 데도 도움을 받을 수 있다.

피부 톤이 어둡고 까무잡잡한데 화사해 보이고 싶어 일부러 밝은색 옷을 입는 사람이 있다. 하지만 그러면 까만 피부는 더 까맣게 보이고 거친 피부는 더 거칠어 보여 자칫 촌스럽게 보일 수가 있다. 피부가 밝고 결이 좋다면 밝은색이 어울리지만, 까무잡잡하고 결이 좋은 편이 아니라면 어두운 색상의 옷을 입는 편이 낫다.

방송에서의 외적 매력 셋,
카메라 앞에서 무조건 피해야 하는 컬러

언젠가 TV 방송에서 흥미로운 뉴스를 보았다. 영국의 한 심리학자이자 컬러전문가가 2,000명을 대상으로 실험했는데, 색깔만으로도 사람의 기분이나 감정 상태를 알 수 있다는 연구 결과가 나왔다고 한다. 스트레스를 받았거나 화가 난 상태에서는 검은색 옷을 입는 경향이 두드러졌고, 자신의 삶에 긍정적이고 평소 행복감을 많이 느끼는 사람은 노란색 옷을 즐겨 입는다고 한다. 빨간색은 자신감 또는 오락가락하는 기분을, 파란색은 차분하고 편안한 기분을, 그리고 회색은 피곤한 상태를 나타낸다고 한다. 이 책을 쓸 때의 나는 주로 검은색 옷을 많이 입었었는데, 책을 쓰는 일이 스트레스가 많은 작업이긴 한가 보다.

그 연구 결과에서 더 재밌는 점은 컬러가 사람의 첫인상을 결정하는 데 매우 중요한 역할을 한다는 것이었다. 초록색 옷은 사람을 지적으로 보이게 하고, 파란색 옷은 믿음과 신뢰감을 더 많이 느낄 수 있게 하며, 흰색 옷은 전통을 중요시하는 사람으로, 노란색은 평소 즐겁고 유머 감각이 뛰어난 사람으로, 검은색은 보수적이지만 세련되고 교양 넘치는 사람으로 상대가 나를 판단하도록 유도한다고 한다. 이런 연구를 참고해 내 방송 콘텐츠에 맞는 컬러를 선택해 보는 것도 좋은 방법이다.

짙은 색의 옷을 입어야 한다면 네이비 컬러가 좋다. 한국 사람들이 가장 좋아하는 옷의 컬러는 검은색인데, 검은색은 평상시에는 카리스마가 넘치고 깔끔한 이미지의 컬러이긴 하지만 영상에서는 답답하고 탁하게 보일 수 있다. 그럴 때는 검은색의 느낌이 나면서 덜 탁해 보이고 더 세련되어 보이는 네이비 컬러를 추천한다. 꼭 검은색 옷을 입어야 한다면 전체를 온통 검은색으로 입기보다는 다른 컬러의 옷과 소품 등을 매치해 입으면 탁한 느낌을 훨씬 줄이면서 좀 더 고급스러워 보이는 효과가 있다.

또 하나 명심해야 할 점은, 배경 컬러와 중복되지 않게 의상의 컬러를 정해야 한다는 것이다. 흰색 배경에 화이트 셔츠를 입는다거나, 검은색 배경에 블랙이나 네이비 컬러의 옷을 입게 되면 배경에 묻혀 얼굴만 동동 떠 보일 수 있다.

예전에 모 홈쇼핑의 보험 방송 영상이 화제가 된 적이 있다. 세트 배경이 검은색이고 출연자의 의상도 원피스 정중앙에 목선을 따라 10㎝가량 폭으로 길게 화이트 포인트가 들어간 블랙 원피스였다. 차라리 포인트가 없는 검은색이었으면 그나마 덜 했을 텐데, 검은 부분은 배경색에 묻혀버리고 출연자의 얼굴과 목선을 중심으로 한 화이트 포인트만 화면에 보여 착시 현상으로 출연자의 얼굴이 비정상적으로 커 보이는 해프닝이 일어났다. 그 영상은 한때 홈쇼핑 방송사고 영상으로 인터넷의 바다를 떠돌며 많은 사람에게 웃음을 주는 짤방이 되었다. 보는 사람이야 재미있었겠지만, 출연자는 생각하고 싶지 않은 흑역사가 된 셈이다.

크로마키Chroma Key, 텔레비전의 화상합성을 위한 특수기술**를 사용할 때는 블루 계열의 옷이나 소품은 입거나 사용하지 않는다.** 크로마키는 방송에서 기상캐스터의 뒤에 있는 파란 천인데, 영상을 믹스해서 보여줄 때 사용하는 기법이다. 홈쇼핑에서는 보험이나 여행 상품 방송에서 주로 사용한다. 아무것도 없는 파란색 천 앞이지만, 쇼호스트가 여행지에 직접 와 있는 듯한 생동감을 주는 화면 믹싱 방법에서 많이 사용한다.

1인 방송에서도 크로마키를 활용해 뒷배경을 미리 촬영해 둔 영상으로 믹스해야 하는 경우가 생길 수 있는데, 이때 절대 블루 계열의 옷이나 악세서리를 착용해서는 안 된다. 파란색은 물론 하늘색과 네이비 등 블루 계열은 모조리 피해야 하고, 녹색 크로마키라면 그런 계열은 무조건 피해야 한다. 그렇지 않으면 그 부분만 뻥~ 뚫려 보인다. 즉, 크로마키 앞에서는 같은 계열의 컬러는 절대로 입으면 안 된다는 말이다.

얼굴만 동동 떠다니는 심령 영상을 찍는 게 아니라면 크로마키와 같은 계열의 컬러는 피해야 하고, 헤어 스타일도 깔끔하게 손질하는 편이 좋다. 머리카락 한올 한올이 크로마키에서는 상당히 지저분하고 삐죽삐죽해 보일 수 있으니 왁스나 스프레이 등으로 잘 고정해야 한다. 만약 얼굴과 손만 나오는 독특한 영상을 만들고 싶다면 크로마키의 이러한 점을 활용해도 좋다.

옷 전체에 현란하게 쓰인 큰 글씨나 자잘해서 눈이 어지러운 체크 무늬, 비즈가 요란하게 달려 반짝이는 옷 등 색이 지나치게 강하거나 눈을 어지럽게 하는 무늬나 액세서리가 있는 의상 역시 피하는 것이 좋다. 이런 의상은 사람의 얼굴이나 상품보다 옷에 더 시선을 끌게 해 구매 설득력을 떨어지게 만든다.

크로마키 이야기를 쓰다 보니 크로마키에 얽힌 식은땀 나는 실수담이 떠오른다. 나는 대학교 4학년 때 리포터로 방송 생활을 시작했다. 남들보다 일찍 사회생활을 시작하다 보니 별의별 실수를 했었는데, 이 사건은 공중파 TV 생방송을 처음 했던 날에 일어났다. 나의 첫 TV 생방송은 〈KBS2TV 생방송 아침을 달린다〉라는 유명 정보 프로그램으로, 당시 최고의 진행자였던 K 아나운서가 진행했던 방송이었다. 나는 부산 KBS에서 지역 소식을 전하는 리포터 역할이었는데, 그때는 지금과는 다르게 새벽 방송에서 리포터들은 헤어 스타일 손질, 메이크업, 의상까지 스스로 해결해야 하는 서럽고 힘든 경우가 많았다.

혼자 힘으로 모든 것을 간신히 해결하고 집을 나서려는데, 그날따라 부산에서는 흔하지 않게 날씨가 너무 추웠다. 유독 추위를 많이 타는 나는 정장을 입고 그 위에 안팎으로 털이 북슬북슬하고 어깨가 한껏 부풀어 있는, 당시 중년 여사님들 사이에서 인기 있는 오버사이즈에 두툼한 볼륨의 갈색 무스탕을 입고(어머니 협찬) 나갔다. '어차피 새벽이라 회사에는 방송 스텝 외에는 출근한 사람도 없을 테고, 생방송이 끝나도 출근 시간 전이니까 누가 보는 사람은 없겠지?'라는 안일한 생각을 하며 말이다.

회사에 도착해 무스탕을 벗어놓고 원고를 받아 스튜디오에 들어갔는데, 담당 PD가 정장을 입고 온 나를 보자마자 화들짝 놀라며 난리가 났다. 스튜디오가 파란 크로마키 배경인지도 모르고 내가 보란 듯이 새파란 정장 재킷을 입고 간 것이다. 파란색 크로마키 앞에서 푸른 계열의 옷을 입으면 푸른색 부분은 모두 투명해지고 머리랑 손만 둥실둥실 떠다니는 유령이 된다.

그런데 사실 나는 크로마키에서는 푸른 계열의 옷을 입으면 안 된다는 것을 그때까지 잘 몰랐었다. 더 솔직히 말하면, 선택의 여지가 없었다. 방송 전날 PD가 방송할 때 정장 재킷을 입고 오라는 말만 했을 뿐 컬러에 대한 이야기를 해주지 않았고, 당시 아직 대학교도 졸업하지 않은 대학생이 무슨 정장 재킷이 있었겠나? 만만한 언니 옷이나 엄마 옷을 입고 갈 수밖에 없지. 그 무렵 승무원 생활을 하던 언니가 면접 때 입었던 정장이 있었는데, 디자인도 예쁘고 내게 사이즈도 맞아 아무 생각 없이 입고 간 죄밖에 나는 없었다.

생방송 시간은 점점 다가오고, 담당 PD는 계속 팔짝팔짝 뛰며 다른 옷이라도 입으라는 말만 반복했다. 하지만 여분의 옷은 준비하지 못했고 아직 출근 시간 전이라 다른 진행자들의 캐비닛은 모두 잠겨 있어 빌려 입을 옷도 꺼낼 수 없는 상황이었다.

이제 곧 서울에 있는 K 아나운서가 나를 부를 때가 되었다. 눈앞이 캄캄했다. 고민하던 담당 PD는 어쩔 수 없으니 입고 온 외투라도 입으라고 했다. 그런데 그날 내 외투는 여사님들의 패션 아이템, 오버사이즈 무스탕이 아닌가?! 그걸 본 담당 PD는 또 한 번

경악을 금치 못했지만, 시간은 다 되었고 더는 방법이 없었다. 유령이 되는 것보단 나은 선택으로 파란 정장 위에 무스탕을 입고 털이 복슬복슬한 카라를 최대한 여며 파란 정장이 밖으로 보이지 않도록 했다. 드디어 K 아나운서가 나를 불렀다. "자, 이번에는 부산의 이현숙 리포터를 불러보겠습니다. 이현숙 리포터?"

K 아나운서가 내 모습을 보자마자 눈을 동그랗게 뜨고 동공이 흔들리는 게 느껴졌다. 아마 그분 방송 인생에서 그렇게 이상한 리포터는 처음 봤으리라. 곁눈으로 모니터를 슬쩍 보니 옷이 너무 커 얼굴이 털 속에 파묻혀 내가 봐도 내 모습이 한 마리 곰처럼 보였다. 너무나 민망하고 부끄러웠지만, 큐 사인은 떨어졌고 도망갈 수도 없는 생방송이었다. 에라 모르겠다, 오히려 더 당당하게 웃으며 인사한 후 멘트를 시작했다.

"많이 놀라셨죠? 제가 왜 이런 털옷을 입고 나왔겠습니까? 그 정도로 오늘 아침 부산은 이례적으로 굉장히 날씨가 춥습니다." 그랬더니 설정된 콘셉트인지 아닌지 의아해하면서도 K 아나운서 역시 "그렇군요~ 부산이 오늘 제법 춥긴 추운가 보네요!" 하며 맞장구쳐주었다. 자칫 방송사고로 이어질 뻔했지만, 다행히 잘 넘어갔다! 20년이 훨씬 더 지난 일인데도 크로마키만 보면 그날의 일이 떠오르지 않을 수가 없다.

방송에서의 외적 매력 넷,
방송마다 어울리는 의상, 헤어, 메이크업, 안경은 따로 있다

1인 방송에서도 방송 콘셉트에 맞는 의상과 헤어 스타일과 메이크업 준비가 필요하다. 1인 방송은 내 철학과 콘셉트와 캐릭터를 표현하는, 내가 만들고 내가 주인공인 방송이므로 모든 것을 내가 원하는 대로 결정할 수 있다. 물론 그렇다고 해서 아무렇게나 중구난방 막 정해서는 안 된다.

언젠가 게스트로 금융 관련 전문가를 초빙해 인터뷰한 유튜브 영상을 본 적이 있다. 영상을 보자마자 나는 웃음이 터졌다. 전문가의 외적 이미지가 조금 과장해 말하자면 트로트 가수 '신바람 이 박사' 같았다. 금융 관련 정보를 주러 나왔는데 올블랙 정장에 노란색 넥타이를 매고 검정 선글라스를 쓰고 있는 모습이었다. 일부러 입고 온 것 같지는 않고, 그분의 평소 스타일인 듯 보였다.

형식에 얽매이지 않고 자유분방하게 자신을 표현하는 것이 요즘 1인 방송의 트렌드라고는 하지만, 금융정보라는 전문 지식을 전달하는 전문가로서의 외적 이미지는 아니었기에 정보 자체에 관한 신뢰도가 떨어져 보였다.

또 도서 리뷰 영상을 찾아보던 중 남성 진행자가 민소매 티셔츠를 입고 있었는데, 팔뚝에는 타투가 새겨져 있는 것을 본 적이 있다. 편견 없이 열린 마음으로 리뷰 영상을 시청하고 싶었지만, 결과적으로 그 영상에 관해 지금까지 내 머릿속에 남아 있는 건 그의 입에서 나온 주옥같은 멘트가 아니라 그가 입었던 의상과 팔뚝의 타투이다.

앞서 말한 2가지 예가 다소 극단적일 수도 있다. 그렇지만 여기서 하고 싶은 말은, 1인 방송에서 대부분 사람이 방송 내용에 치중한 나머지 자칫 외적인 이미지를 간과하는 경우가 많다는 것이다. 앞서 언급한 '메라비언의 법칙'을 다시 한번 떠올려보자. 누군가와 커뮤니케이션 하고 설득하는 과정에서 가장 영향을 미치는 요인이 무엇이라고 했던가? 바로 시각적인 요인이다. 그렇다면 시각적인 요소가 설득 과정에서 얼마나 큰 비중을 차지할까? 놀라지 마시라. 무려 55%이다. 청각적 요인은 38%로 역시 꽤 높은 비중이다. 당신이 모든 것을 쏟아부어 준비한 말의 내용은 설득 과정에서 고작 7% 정도만 차지한다는 것을 안다면 허탈해질 수도 있다.

말의 내용이 중요하지 않다는 의미가 절대 아니다. 하지만 라이브 커머스 등 누군가를 설득하기 위한 1인 방송을 하겠다면 무엇보다도 보이고 들리는 외적 이미지에도 관심을 두고 많이 신경 써야 한다는 점을 강조하고 싶다.

1인 방송에서 외적 이미지는 방송 콘텐츠의 콘셉트에 맞게 전반적인 분위기를 맞추는 편이 좋다. 예를 들어 직장 생활과 구직의 노하우를 알려주는 헤드헌팅 회사 대표나 앞으로 상권이 발달할 곳만 딱딱 짚어주는 부동산 전문가, 면접 노하우를 알려주는 취업 컨설팅 전문가가 너무 본인의 개성대로 꾸민 후 방송에 임한다면 일단 그 사람의 말에 신뢰감이 떨어진다.

전문적인 정보를 제공하는 1인 방송 진행자는 일단 깔끔하고 프로페셔널하게 보여야 한다. 전문가라고 나오는 사람들의 외적 이미지에서 프로다움이 느껴지지 않으면 아무리 내용이 좋다고 해도 신뢰가 생기지 않는다. 그렇다고 정장에 넥타이를 입고 포마드를 사용해 올백 헤어 스타일을 하라는 이야기는 아니다. 적어도 몸에 잘 맞고 잘 다려진 깨끗한 셔츠 정도는 입도록 한다. 만약 셔츠만 입는다면 맨 위쪽 단추 한두 개는 푸는 게 좀 더 여유로워 보이는 효과가 있다.

남자의 경우 상황에 따라 넥타이나 재킷을 입을 수도 있고 생략할 수도 있는데, 라이브 방송이 아닌 경우에는 영상이 계속 쌓인다. 그러니 계절감이 지나치게 드러나는 소재의 옷은 피하고 봄이나 가을 정도의 의상에 맞추는 편이 좋다. 특히 두꺼운 겨울옷은 답답해 보이니 피하는 것이 좋다. 그리고 목선이 드러나는 의상을 입기를 권한다. 목선이 드러나 목이 길어 보이면 상대적으로 얼굴이 작아 보이는 착시 현상이 생긴다. 특히 목이 짧은 체형의 사람이라면 목 폴라는 입지 않는다. 영상에서는 목이 더 짧고 뚱뚱하고 답답해 보이기 때문이다.

이미지를 바꾸거나 보완하기 위한 아이템으로 안경을 쓰는 것도 좋은 방법이다. 이때 안경은 본인의 얼굴형과 반대되는 라인을 가진 안경알 모양을 선택하면 좋다. 달걀형의 얼굴이라면 어떤 모양의 안경이든 상관없지만, 각진 얼굴형은 둥근 모양을, 둥근 얼굴형은 살짝 각진 모양의 안경을 쓰면 이미지가 보완되어 좋다. 피부가 희고 깨끗하거나 눈이 크고 눈썹이 진하다면 금테나 은테 등 메탈 소재나 무테의 안경도 좋지만, 눈이 작다면 회갈색 뿔테 안경이 눈을 좀 더 커 보이게 하는 효과가 있다.

얼굴이 크면 큰 안경을, 얼굴이 작으면 작은 안경을 착용한다. 안경알이 조명 때문에 카메라 렌즈에 반사되어 영상으로 보기가 불편할 수도 있으니 카메라를 보고 번쩍이지 않도록 얼굴의 각도를 잘 잡는 것이 좋고, 시력이 괜찮다면 안경알을 빼고 테만 착용해도 괜찮다.

카메라가 풍경 보듯 익숙해지는 노하우

카메라 렌즈 울렁증 극복을 위한 조언

요즘 사람들은 말을 참 잘한다. 어느 조직이나 모임에서 누구를 만나든 대부분 그렇다. 특히 학부모 모임에 가면 전업맘들도 어쩜 그렇게 말을 잘하는지, 말로 일하는 직업을 가진 내가 한 번씩 기가 죽을 정도이다.

그런데 사람들 앞에서 말을 해야 하는 공포는 극복한 사람이 많은 듯한데, 카메라 앞에서 말을 해야 하는 공포심은 극복하지 못한 사람이 여전히 많은 듯하다. 말을 잘하다가도 휴대전화든 카메라든 렌즈만 갖다 대면 말문이 막히고 어색해진다. 이렇게 평소 장난삼아 사진을 찍거나 영상을 찍을 때도 어색해지는데 방송, 특히 라이브 방송을 해야 한다면 초보 방송인은 극도의 긴장감과 불안감을 느낄 수밖에 없다.

사람은 불안하면 일단 호흡이 거칠어진다. 옆에 있는 사람이 내 심장 소리를 듣는 게 아닐까 싶을 정도로 심장이 쿵쾅거린다. 입술과 혀가 바짝바짝 마르고 긴장이 심해질수록 식은땀이 나고 손발이 차가워지기도 한다. 얼굴 근육이 경직되어 표정이 점점 딱딱해지고 머릿속이 깜깜해져 준비했던 모든 내용이 생각이 잘 나지 않는다. 카메라가 나를 점점 블랙홀로 끌어당기는 것 같다.

긴장해서 몸이 떨리면 코보다 입으로 숨을 들이마시는 얕은 호흡을 자주 하게 된다. 이렇게 얕고 짧은 호흡을 계속하다 보면 숨은 점점 거칠어지고 긴장감은 더욱더 커진다.

그런데 긴장을 해소하는 가장 좋은 방법 또한 호흡이다. 이때 호흡은 코와 입을 사용해 길게, 그리고 깊게 하는 것이 가장 중요하다. 배를 풍선이라고 생각하며 코로 배가 빵빵해질 때까지 숨을 천천히 마셨다가 잠시 멈추자. 그리고 풍선에 바람이 서서히 빠지듯 입으로 "스~~" 소리를 내며 길게 내뱉는다. 이런 호흡이 우리가 잘 알고 있는 '**복식호흡**배의 근육을 움직여서 횡격막을 신축시키면서 하는 호흡 방식'이라는 건데, 나는 이 호흡을 '풍선 호흡'이라고 부르고 싶다. 이렇게 10번 정도 풍선(복식) 호흡을 반복하면 어깨에 들어간 긴장도 풀릴 뿐 아니라 뇌에 산소가 공급되어 긴장으로 꽉 막혔던 머리도 시원해진다.

다음은 가벼운 스트레칭이다. 몸은 긴장했을 때 더욱 가만히 있으면 경직에 경직이 더해져 긴장이 더 쌓이기만 한다. 팔을 위나 옆으로 쭉쭉 뻗거나 허리를 이리저리 돌려보기도 하고 목을 상하좌우로 움직이는 등 근육을 쫙쫙 펴주는 동작을 여러 번 반복해 보자. 훨씬 긴장이나 불안감이 줄어들 것이다. 라이브 방송 시작 전에 본인이 좋아하는 음악을 들으며 흥얼흥얼 따라 불러보는 것도 긴장을 푸는 데 도움이 된다.

카메라 렌즈 앞에서 우리가 두려운 이유는, 내가 모르는 다수의 누군가가 내 얼굴을 보고 내가 하는 말을 들으며 나에 관해 이야기하고 있다고 생각하기 때문이다. 내 가족, 지인, 친구 등 나에게 호감이 있는 사람들과 내가 잘 모르거나 어쩌면 나를 좋아하지 않는 사람들에게까지 나를 보여준다는 것 자체가 두렵기에 떨리고 불안하며 긴장하게 되는 것이다.

자, 지금부터 카메라를 사람이라고 생각해 보자. 카메라를 사람이라고 상상하는 게 어렵다면 카메라 바로 뒤에 내가 좋아하고 나를 좋아하는, 평소 내 말이라면 누구보다도 잘 들어주는 내 소중한 친구가, 사랑하는 형제 혹은 자매가, 신뢰하는 동료가 앉아 있다고 상상해 보자. 그럼 신기하게도 경직된 자세가 조금은 부드럽게 풀리고, 웅변 혹은 선언하듯 목청껏 질러 댔던 목소리도 훨씬 친근하고 다정하게 바뀔 것이다.

잊지 마시라. 카메라 너머에 있는 잘 모르는 막연한 상대가 아닌, 카메라 바로 뒤에서 내 말을 잘 들어주고 리액션도 정말 잘해주는 내 사람이 나의 이야기를 들어주고 있음을 말이다.

Tip 라이브 방송 전 피해야 할 음식

라이브 방송 전에는 카페인이 든 음료를 너무 많이 마시지 않는 편이 좋다. 대부분 사람이 긴장을 풀기 위해 커피를 많이 마시는데, 나 역시 생방송에 들어가기 전에 기분을 좀 더 올리기 위해 일부러 커피를 마시기도 했었다. 그렇지만 초보 방송인에게는 카페인이 더욱더 긴장을 유발할 수도 있고, 이뇨작용 때문에 갑자기 생리 현상이 나타나 생방송 중에 더 불안해질 수도 있다. 그러니 라이브 방송 전에는 카페인 음료를 너무 많이 마시지 않는 편이 좋다.

나도 예전에 컨디션도 좋지 않고 기분도 자꾸 다운되어 생방송 직전에 아이스 라테를 한 잔 마시고 들어갔던 적이 있었다. 그런데 방송 중에 갑자기 화장실에 가고 싶어 미칠 지경이 되었다. 갑자기 나타난 생리 현상은 나를 점점 불안하게 했고, 표정을 관리하고 멘트도 해야 하니 아랫배에 함부로 힘을 줄 수도 없었다. 참는 시간이 늘어날수록 어떤 멘트를 해야 할지 머릿속이 하얘지고 식은땀도 줄줄 났던 기억이 있다.

또 하나, 호두와 땅콩 아몬드 같은 견과류도 방송 직전에는 먹지 않는 편이 좋다. 내 경험을 하나 더 풀어보자면, 생방송 직전에 배가 고파 방송 상품으로 몇 개 가지고 있던 견과류팩을 먹고 방송에 들어갔다가 목에 사레가 걸려 엄청나게 고생했던 일이 있었다. 먹을 때는 잘 모르지만, 먹고 나서 시간이 지나면 미처 다 씹히지 못한 견과류 알갱이가 목구멍을 살살 간질이다가 턱 막기도 하기 때문이다. 그러니 만약 생방송 전에 견과류 등 무언가 씹는 음식을 먹었다면 꼭 물로 입안과 목을 깨끗이 헹구고 방송에 들어가기를 권한다.

또 다른 금기 식품은 탄산음료이다. 생방송 전 시원하게 탄산음료를 원샷하고 들어갔다가 방송 중에 자꾸 트림이 나와서 곤욕을 치렀다는 동료도 많이 보았다.

생방송 전에 가장 먹기 좋은 음식은 미지근한 물이나 차 종류이고, 혹시 당이 떨어져 에너지가 부족할 때는 초콜릿 한 조각 정도가 괜찮다. 대신 초콜릿을 먹었다면 꼭 거울로 이를 확인한 다음 방송에 들어가도록 하자.

시청자에게 호감을 주는 카메라와의 거리

1인 방송은 TV 방송과 비교했을 때 카메라의 위치나 앵글 등이 꽤 자유로운 편이다. '1인 방송에서는 카메라와의 거리가 꼭 이래야 한다!'라고 정해진 규칙은 없지만, 시청자 관점에서 심리적으로 안정감과 호감을 느낄 수 있는 거리가 있긴 하다. 바로 친구 혹은 가까운 사람과 만났을 때 마주 보는 정도의 개인적 거리를 유지하는 것이다. 그게 카페 테이블에 앉아 친구와 커피를 마실 때 내 눈에 마주 앉은 친구가 보이는 정도의 거리이다. 화면으로 봤을 때는 가슴 정도까지의 샷인데, 전문 용어로는 '바스트 샷Bust Shot, 카메라 촬영 시 화면에 머리끝에서 가슴 부분까지 나오는 것'이라고 한다.

뉴스 앵커들의 카메라 샷이 바로 이 정도의 거리인데, 시청자들이 방송을 보기에 가장 부담이 없으면서 친근하고 말에서도 더욱 더 설득력이 생기는 거리이다. 이 샷에서 멀어지면 멀어질수록 방송에서는 설득력이 떨어진다. 1.2~3.6*m* 정도의 거리는 '사회적 거리'라고 해서 비즈니스로 만나는 사람과의 거리이고, 3.6*m* 이상은 대중을 상대로 한 강연이나 연설 등을 할 때의 거리이다.

1인 방송에서 얼굴만 클로즈업하는 경우는 방송의 재미를 위해 구도의 변화를 주거나 뷰티 상품을 판매할 때로, 본인 얼굴에 직접 메이크업을 해서 시청자에게 화장한 얼굴을 가까이에서 보여주어야 할 때 더 효과적이다. 이런 상황이 아닌데 방송에서 클로즈업 샷Close Up Shot, 영화나 텔레비전에서 등장하는 배경이나 인물의 일부를 화면에 크게 나타내는 것이 계속 유지되면 시청자는 방송을 계속 보기가 부담스러워진다.

판매 방송은 시청자와 눈을 맞추며 상품을 소개해야 신뢰가 가기에, 앞서 언급한 바스트 샷이 가장 이상적이다. 너무 멀거나 부담스러울 정도로 가까운 거리는 지양하는 편이 좋다. 요즘은 오프라인 매장이나 산지에서 1인 방송 라이브 커머스를 하는 경우가 많다. 이때 전체적인 분위기를 전달하거나 필요 때문에 샷을 넓게 보여줄 수는 있지만 구매를 유도하거나 설득하는 멘트를 할 때는 셀러의 눈동자가 시청자들에게 보일 정도의 거리, 즉 바스트 샷을 보여주길 권한다.

이런 일도 있었다. 얼마 전에 한 라이브 커머스 방송에서 2명의 셀러가 나와 상품을 판매하는데, 바스트 샷을 유지하려고 한 것인지 둘 다 얼굴이 화면에 반반씩만 나왔다. 일부러 그런 건 아니겠지만, 한 사람이라도 시원하게 얼굴이 다 나왔더라면 덜 답답했을 텐데 양념 반 프라이드 반 무 많이도 아니고 방송이 끝날 때까지 두 사람의 반쪽 얼굴만 나오는 우스꽝스러운 모양새였다. 이럴 때는 카메라 거리를 조절해서 2명의 셀러 모두 온전히 다 나오도록 해야 한다.

여기 보세요, 여기!

1인 방송에서는 콘텐츠의 내용과 의도에 따라 카메라를 쳐다보지 않고 다른 곳을 응시하거나, 가면을 쓰거나, 아예 화면에서 얼굴이 잘리도록 카메라 샷을 설정할 수도 있다. 즉, 정해진 형식이 없으니 진행자의 의도대로 자유롭게 방송할 수 있다는 뜻이다. 그런데 실시간 라이브 커머스 방송으로 시청자와 소통하면서 상품을 판매할 때는 다음의 규칙에 따르는 편이 좋다.

한 라이브 커머스 회사의 요청으로 소속 쇼호스트들의 교육을 맡아 한 적이 있다. 당시 그 회사는 이렇다 할 수익이 없었기에 경력이 있는 전문 쇼호스트를 뽑을 여력이 되지 않았고, 소속 쇼호스트들은 열정과 의욕은 가득했지만 라이브 커머스 방송은 처음인 초보가 대부분이었다. 대표 입장에서는 어떻게든 수익을 내야 하는 상황이라 최대한 빨리 쇼호스트들을 변화시켜주길 원했었다.

첫 교육 시간부터 놀랐던 것은 방송할 때 쇼호스트들의 시선이 시청자와 초점이 맞지 않는다는 점이었다. 의아해서 살펴봤더니 이들은 카메라를 보지 않고 카메라 위에 놓인 댓글 모니터에 시선을 두고 있었다. 그러니 방송을 보는 시청자들은 쇼호스트가 먼 산을 바라보며 이야기하는 느낌이 들어 집중력과 설득력이 떨어질 수밖에 없었다. 왜 모니터가 카메라 위쪽에 놓여 있는지, 왜 아무도 그것에 관해 문제의식이 없었는지 참 의아했다.

여기서 첫 번째 솔루션으로 댓글 모니터를 카메라 아래쪽으로 옮기고, 쇼호스트에게는 카메라를 보며 상품에 관해 설명하게 했다. 쇼호스트의 시선 변화만으로도 방송의 분위기가 달라졌고, 그들의 말에 설득력이 생긴 변화의 순간이었다.

카메라 렌즈를 보는 행위가 방송하는 당사자는 어색할 수 있지만, 시청자들은 그 상황에서 가장 안정감과 자연스러움을 느낀다. 실제로 눈을 마주치며 말을 하는 것처럼 느껴지기 때문이다. 특히 1인 방송은 말 그대로 1대 1로 대화하는 콘셉트이기에 상대방인 시청자와의 아이 콘택트가 더욱더 중요하다. 또한 아이 콘택트는 자신감과 직결된다. 가장 이상적인 1대 1 눈 맞춤은 카메라 렌즈를 바라보는 것이지만, 모바일 라이브 방송에서는 휴대전화 전면의 액정 모니터를 쳐다봐도 시선이 자연스럽다.

시청자와의 댓글 소통을 위해 휴대전화든 태블릿 PC든 여벌 모니터를 따로 놓는 셀러가 있는데, 어떤 셀러들은 아예 댓글 창만 보며 방송하는 경우도 있다. 이럴 때 시청자들은 판매자와 아이 콘택트가 되지 않기에 상품에 공감하기가 어렵다. 그러니 상품에 관해 설명할 때는 ON-AIR 카메라를 보며 이야기하고, 사이사이 댓글을 읽을 때는 댓글 모니터를 보는 편이 자연스럽다.

댓글 모니터는 ON-AIR 카메라 아래쪽에 두어야 시선 처리가 가장 안정적이다. 구도 때문에 카메라 아래쪽에 놓일 수 없다면 시선이 정면에서 크게 벗어나지 않는 범위 내에 댓글 모니터를 바짝 붙여놓는 것이 시청자에게 안정감을 준다. 그리고 방송 대본을 작성해 카메라 앞이나 옆에 붙여 놓는 경우도 있는데, 이때 그대로 줄줄 읽기만 하면 방송에서 눈동자의 움직임이 그대로 보일 뿐 아니라 시청자도 상당히 지루해진다. 이럴 때는 대본 전체를 써 놓고 읽기보다 챕터별로 키워드 정도만 써서 붙여놓고 보는 것도 방법이다.

옆에 앉은 사람은 어떻게 보아야 자연스러울까?

1인 방송이지만 2명 이상 방송을 진행할 때도 있을 것이다. 예를 들어, 진행자가 2명일 수도 있고 매번 게스트가 함께 출연해 인터뷰 형식으로 진행할 수도 있다. 이때 얼굴은 정면에 두고 눈동자만 옆으로 돌려 옆에 앉은 사람을 보는 경우가 많은데, 시청자로서는 옆 사람을 째려보는 것 같이 보인다. 이럴 때는 몸과 얼굴을 살짝 돌려 눈동자도 상대를 향하는 편이 보기가 좋다. 그리고 진행자가 2명이고 게스트가 있을 때, 진행자 A가 게스트와 대화를 나누고 있다면 진행자 B도 가급적 같은 방향을 보는 편이 자연스럽다. A가 옆을 보고 있는데 B 혼자 카메라를 쳐다보고 있다고 생각해 보라, 어색하지 않을까?

갑자기 턱 막힌 말문 뚫는 애드리브 노하우

라이브 방송에서 멘트가 기억나지 않아 순간 당황하거나 말문이 막혔을 때 본능적으로 눈을 위로 뜨거나 눈동자를 굴리는 사람이 있다. 얼굴은 카메라 정면에 있는데 눈동자만 위아래로 움직이면 화면을 째려보는 느낌이 들거나 당황한 티가 많이 날 수밖에 없다. 차라리 이럴 때는 눈동자를 아래로 향해 잠깐 내려다보며 "음~~" 하고 말을 멈추면 무언가 신중하게 생각하고 있는 느낌을 줄 수 있다. 아니면 얼굴 방향을 살짝 옆으로 틀어 잠시 생각을 정리한 후 다시 정면을 보며 말을 이어가는 편이 좋다.

그럼 이렇게 방송 중에 말문이 턱 막혔을 때 애드리브ad-lib, improvisation, 연극이나 방송에서 대본에 없는 대사를 즉흥적으로 하는 일 또는 그런 대사는 어떻게 해야 할까? 쇼호스트로 활동하던 시절에 주위에서 가장 많이 듣던 질문 중 하나가 "쇼호스트들은 1시간 동안 프롬프터를 보고 말을 하나요? 아니면 대본을 다 외워 방송을 하나요?"였다. 결론부터 말하자면, 쇼호스트의 멘트는 프롬프터Prompter, 방송 등에서 배우가 대사를 잊었을 때 카메라 앞에 대사가 띄워져 있는 모니터로 읽는 것도 대본을 외우는 것도 아니다. 본인이 준비한 내용을 자신의 언어로 풀어낸다. 즉 '100% 애드리브'라고 보면 된다.

원고를 읽거나 대본을 외워 방송하는 사람들에게는 상상하기 어려운 일일 것이다. 이런 이야기를 하면 많은 사람이 1시간 동안 대본 없이 아무것도 보지 않고 생방송에서 말하는 행위가 가능하냐고 묻는다. 나의 경우, 20년 가까이 대본이나 프롬프터 없는 라이브 방송 쇼호스트로 생활하다 보니 오히려 원고를 주고 그대로 말해달라고 하면 그게 더 불편하고 긴장된다.

그렇다면 쇼호스트는 생방송 1시간 동안 아무 말이나 두서없이 막 하는 걸까? 아니다. 10~15분 정도의 상품 설명 과정을 철저하게 계산하고 준비한다. 상품 분석을 통해 잡은 셀링 포인트를 시청자에게 가장 효과적으로 전달하기 위해 여러 가지 멘트와 시연을 동원한다.

홈쇼핑 라이브 방송은 고객을 설득해 구매하도록 하는 것이 최종 목표이기에, 마지막 후킹Hooking, 홈쇼핑 쇼호스트들이 흔히 사용하는 표현으로, 구매 의사가 없었던 시청자들을 설득해 구매하도록 유도하는 행위을 위한 스토리텔링이나 표현 방법을 늘 연구하고 고민할 수밖에 없다. 이러한 과정과 행위가 쌓이고 쌓여 적절한 타이밍에 애드리브라는 형태로 방출이 되는데, 카메라 너머에 있는 고객에게 눈을 맞추며 진심을 담아 한 멘트가 끝난 후 갑자기 주문량이 올라가는 콜 전광판을 볼 때마다 쇼호스트는 짜릿한 전율을 느낀다.

이건 마치 내가 열심히 노력해 양궁 국가대표 선수가 되어 올림픽에 나갔는데, 결승 시합에서 마지막 화살이 과녁 한가운데에 딱 명중해 금메달을 따는 기분과 비슷한 느낌이다. 그래서 쇼호스트의 다양한 이야깃거리는 양궁 선수가 과녁의 가운데를 맞추기 위해 수없이 쏘며 연습한 화살과 마찬가지이다. 언제든 과녁의 정중앙을 맞히기 위해 화살을 쏘는 연습을 하고 또 해야 한다.

홈쇼핑에서 상품 판매는 지상파나 종편 혹은 케이블 방송 프로그램과 프로그램 사이 짧은 광고 타임에 가장 많이 이루어지는데, 홈쇼핑 관계자들은 이를 '재핑 타임Zapping Time'이라고 부른다. 시청하던 예능이나 드라마가 끝남과 동시에 사람들이 TV홈쇼핑 방송으로 채널을 돌리는데 이 순간 쇼호스트와 PD, 모든 스텝은 머리끝부터 발끝까지 에너지를 집중해 상품 구매를 유도한다. 이때 이루어지는 판매량이 전체의 70% 이상이라고 보면 된다.

그러다 보니 TV홈쇼핑에서는 재핑 타임을 놓치면 그날 판매도 끝이라고 본다. 그 시간이 길면 10분 짧으면 1~2분 정도인데, 때에 따라 PD들이 쇼호스트들에게 1분 또는 2분짜리 짧은 상품 설명을 요구할 때도 있고, 아니면 조금 전 끝난 인기 프로그램의 잔상을 떠올리게 해 상품과 연결시키도록 키워드를 넣어 멘트해 줄 것을 요구할 때도 있다.

예를 들어 "방금 뉴스 일기예보에서 건조주의보 이야기가 나왔어요. 그 이야기를 상품이랑 연결해 멘트해 주세요. 멘트~ 큐!" 등 갑자기 이런 주문이 들어오면 생각하고 찾아볼 겨를 따위는 없다. 순발력을 동원해 이미 내 머릿속 애드리브 창고에 적금 들듯 모아 둔 멘트들을 꺼내어 써야 한다.

1인 방송 커머스를 라이브로 진행해야 하는 셀러라면 TV홈쇼핑보다 더 많은 준비가 필요하다. 예상치 못한 댓글에 당황하거나 버벅대지 않고 답을 하려면 정말 다양한 이야깃거리와 순발력을 갖추고 있어야 하기 때문이다.

애드리브는 즉흥적인 말 센스이다. 타고난 감각일 수도 있지만, 다행인 점은 훈련을 통해서도 길러질 수 있는 능력이다. 그렇다면 애드리브를 잘하려면 어떻게 해야 할까? 어떤 상황이 닥치더라도 재미있고 재치 있게 분위기를 이끌어가기 위해서는 애드리브 재료가 풍부해야 한다. 언젠가 애드리브의 신神 유재석 씨가 독서광이라는 이야기를 들은 적이 있다. 아무리 타고난 감각이 있어도 애드리브의 재료가 바닥나면 뻔한 말만 할 수밖에 없다.

애드리브 재료는 내가 보고 듣고 느끼는 모든 것이다. 어젯밤 TV에서 본 뉴스거리는 물론 드라마나 영화 이야기도 좋고, 책에서 읽었거나 미용실에서 파마를 하며 보았던 잡지 속 광고 문구가 애드리브의 소재가 되기도 한다. 친구를 만나 수다 떤 이야기나 여행 가서 경험한 것, 카페에 앉아 관찰한 사람들의 모습, 오늘 먹은 점심 메뉴까지도 모두 애드리브의 재료이다. 언제 어떤 상황에 내가 써먹을 수 있을지 모르니 애드리브 수첩을 마련해 늘 메모하는 습관을 들이자.

애드리브를 훈련하는 방법은 사람마다 다를 수 있겠지만, 내가 했던 방법 몇 가지를 소개하자면 방송 전에 간단한 키워드 중심으로 큐 시트Cue Sheet, 방송이나 공연 따위의 연출 과정을 상세하게 적어 놓은 일정표를 작성한 다음 이렇게도 말해보고 저렇게도 말해보고 살을 붙여 멘트해보는 등 다양한 방법으로 말해보는 것이다.

또 하나는 운전하면서 혹은 걸어가면서 보이는 가게 간판의 상호를 넣어 내 맘대로 스피치를 해보는 것인데, 막히는 차 안에서 지루하지 않으면서 재미있게 애드리브 연습을 할 수 있다. 또 다른 사람의 방송 영상의 소리를 완전히 줄이고 내가 그 영상을 보며 멘트를 해보는 방법도 애드리브 훈련에 도움이 될 수 있다.

새카맣게 까먹은 멘트 살리는 내용 전개 노하우

갑자기 말문이 막혀 무엇부터 말을 해야 할지, 멘트를 어떻게 이끌어 가야 할 지 막막해질 때가 있다. 이럴 때 바로 써먹을 수 있는 마법의 처방이 있다. 바로 'PREP 4단계'이다. 이 PREP 4단계는 영국의 총리였던 윈스턴 처칠Winston Churchill도 즐겨 사용해 '처칠식 말하기'로도 유명하다.

P는 〈Point〉로, 말하고 싶은 핵심을 바로 밝힌다.

R은 〈Reason〉으로, 앞에서 말한 핵심의 이유를 말한다.

E는 〈Example〉로, 주장을 뒷받침할 객관적인 근거나 예시를 제시한다.

P는 다시 〈Point〉로, 핵심을 다시 한번 반복하며 강조해 결론을 말한다.

이 PREP 4단계는 설득을 해야 하는 말하기뿐 아니라 자신의 주장에 관한 글쓰기를 할 때도 전반적인 흐름을 잡기에 좋은 방법이다. 앞으로 설득하는 과정에서 멘트의 흐름이 막힌다면 PREP 4단계를 기억하자. 예를 들어보겠다.

〈예〉

P – 김치 담그지 마시고 오늘 방송에서 사세요~

R – 가을장마랑 태풍 때문에 배추 가격이 엄청나게 오른 거 아시죠?

E – 실제로 재래시장 나가봤더니, 요즘 배추 한 포기에 ○○○원이나 하더라고요. 작년보다 약 50% 이상 오른 가격이더라니까요!.

P – 그러니까 굳이 돈은 돈대로 쓰고 고생은 고생대로 하며 김치 담그지 마시고, 이제 김치도 사서 드세요~

제2의 이미지, 자신감 있는 방송용 목소리 만들기

목소리가 좋아야 1인 방송 라이브 커머스로 성공한다?

내가 구독하는 유튜브 채널 중 여자 한의사가 직접 건강한 먹거리에 관해 소개하는 채널이 있는데, 주로 지하철을 타고 이동하거나 강아지와 산책할 때 귀에 이어폰을 꽂고 듣는 편이다. 콘텐츠 주제로만 보면 그다지 재미있을 것 같지 않은데, 한 번 듣다 보면 계속 듣게 된다. 어떨 때는 영상이 끝나는 게 아쉬울 때도 있다.

그 비결은 바로 그녀의 목소리 때문이다. 솔직히 말하면, 그녀의 외모는 그다지 호감형이 아니다. 하지만 목소리 때문에 호감도가 상승했고, 호감이 생기니 얼굴도 예뻐 보인다. 호감도를 높여 외모까지 커버하게 만든 목소리는 과연 어떤 목소리일까?

그녀의 목소리는 밝고 건강하다. 명쾌하고 귀에도 쏙쏙 잘 들어와서 그녀가 말하는 대로 먹으면 진짜 건강해질 것만 같다. 그리고 방송을 보는 사람들이 진심으로 건강해지기를 바라는 마음이 목소리에서 느껴진다. 내가 건강한 먹거리를 소개하는 그 많은 방송 중에 오직 그녀의 방송만을 구독하는 이유는 이렇게나 명백하다.

개인의 개성이 중요한 요즘의 현대 사회에서는 1인 라이브 방송에서 자신의 목소리와 모습 등을 날 것 그대로 보여주는 편이 좋다고 생각할 수도 있다. 물론 특이하고 개성 넘치는 목소리와 행동이 오히려 공감을 일으키기도 하고 재미를 줄 때도 있다. 그렇지만 이것도 1인 라이브 방송의 성격에 따라 달라질 수 있음을 명심해야 한다.

1인 방송을 통해 '영화 리뷰 콘텐츠'를 제작한다고 가정해 보자. 비슷한 영상과 비슷한 자막으로 방송을 만들었다고 하더라도 더빙이 어떤 목소리냐에 따라 채널의 집중력이 달라진다. 더빙 목소리가 듣기 좋다면 영상 역시 계속 보고 싶어지지 않을까? 특히 요즘은 이동 중에 귀에 이어폰을 끼고 방송을 보는 사람이 많기에 목소리가 경쟁력이 된다고 볼 수 있다.

홈쇼핑에서 판매 실적이 좋은 쇼호스트들의 공통점을 살펴보면, 하나 같이 목소리가 듣기 좋은 사람들이다. 옥구슬 굴러가듯 또랑또랑한 아나운서나 성우의 목소리를 말하는 게 아니다. 목소리에 전달력이 있고 자꾸 듣고 싶은 매력이 있는 쇼호스트가 고객을 집중하게 한다. 그런 목소리는 설거지하다가도 뒤돌아 홈쇼핑 방송을 보게 하고, 오랫동안 채널에 머물게 하여 물건을 사게 한다. TV홈쇼핑도 이런데, 1인 미디어를 통한 판매 방송이나 정보 제공을 위한 방송을 한다면 목소리는 더욱더 중요해진다.

만약 자신이 셀럽이나 인플루언서 수준의 인지도가 있다면 목소리에 대해 크게 신경 쓰지 않아도 된다. 셀럽이나 인플루언서가 1인 라이브 커머스 방송을 하면 순식간에 구독자 수가 몇만, 몇십만이 되는 건 어려운 일이 아니다. 이미 알려진 사람들은 그 인기로 채널을 끌고 나가면 된다. 하지만 대부분 사람은 그렇지 않으니 목소리에도 신경을 쓰는 편이 더 좋다.

목소리로 상대의 마음을 가라앉힐 수도 있고, 오히려 흥분을 유발할 수도 있다. 상대에게 좋은 인상을 남길 수도 있고, 되려 상대를 짜증 나게 만들 수도 있다. 그렇다면 오래 들어도 계속 듣고 싶은 목소리, 이 사람 말이라면 다 믿어도 될 듯한 신뢰 가는 목소리란 어떤 목소리일까? 반대로 단 한마디라도 듣고 싶지 않은 목소리는 어떤 목소리일까?

목에 힘을 잔뜩 준 쇳소리 같은 목소리이거나 비음이 많이 섞여 앵앵하는 목소리, 모든 말의 톤이 일정 기준 이상으로 계속 높은 목소리 등은 듣는 사람을 피곤하게 만든다. 반대로 일정 기준 이상으로 계속 낮은 목소리로 웅얼거리면 금세 지루해진다.

사람의 지문이 타고나듯 목소리 역시 타고나기에 쉽게 바꿀 수는 없다. 아니, 불가능에 더 가깝다. 하지만 몇 가지 방법만 알면 목소리가 바뀐 듯한 효과를 줄 수 있다. 이 책을 읽는 당신은 아나운서나 성우 공채 대비를 목표로 하지 않는다. 내 방송을 시청하는 시청자가 더 오랫동안 내 목소리를 듣고 싶어 채널에 머물게 하는 것이 목적임을 기억하자.

1인 방송 라이브 커머스에서 좋은 목소리는?

"방송하기에 좋은 목소리는 어떤 목소리인가요?"라고 누군가가 물어본다면, 내가 생각하는 가장 좋은 목소리는 '표정이 있는 목소리'와 '잘 들리는 목소리'라고 대답할 것이다. 재미있고 신나는 내용의 이야기인데 그걸 말하는 목소리가 단조롭고 제대로 들리지도 않아 지루하다면 방송에 적합하지 않다.

이야기의 내용에 따라 목소리의 표정 역시 달라져야 한다. 목소리도 표정이 있느냐고 의아해하는 독자가 계실 듯하다. 목소리의 표정은 얼굴에 나타나는 표정에서 나온다. 특히 1인 방송 라이브 커머스를 통해 상품을 판매하거나, 어떤 분야에 관한 정보를 주거나, 킬링타임용 재미를 주는 등 적어도 사람들에게 유익한 도움이나 즐거움을 주는 유쾌한 콘텐츠를 만들겠다면 상대방이 듣기 좋은 목소리를 갖추는 것은 중요하다.

기분이 좋아지는 목소리를 내기 위한 가장 좋은 방법은 기분 좋은 표정부터 만들면 된다. 내가 좋아하는 가족, 친구, 연인, 연예인 등을 만났을 때 내 표정이 어떠했는지 생각해 보자. 그럴 때 우리 얼굴을 관찰해보면 입꼬리는 살짝 올라가고 눈은 살짝 처져 행복해서 웃는 듯한 느낌이다. 바로 그 표정이 기분 좋은 표정이고, 그 표정을 지으면서 말을 하면 목소리에서도 기분 좋음이 묻어 나온다.

평상시 목소리 톤이 낮은 편이라면 1인 라이브 방송에서는 평소보다 한두 톤 정도 올려 말하는 게 듣는 사람에게 더 경쾌한 느낌을 줄 수 있다. 방송 내내 이런 표정과 목소리를 유지하라는 말은 아니다. 최소한 방송의 전반적인 분위기만이라도 이렇게 기분 좋은 목소리와 느낌을 유지하라는 것이다. 자주 만나고 싶고, 오래 같이 있어도 지루하지 않은 사람들의 공통점이 '표정과 목소리가 기분 좋은 사람'이라는 점을 잊지 말자.

그럼 '잘 들리는 목소리'는 어떤 목소리일까? 목소리를 통해 상대방에게 내 이야기를 하고, 때로는 내 뜻대로 상대방을 설득해야 한다면 내 말이 상대에게 잘 들려야 한다. 앞에서도 말했듯, 타고난 목소리 자체는 바꾸기가 어렵다. 그렇다면 표정 있는 목소리와 함께 잘 들리는 목소리, 즉 '내용을 잘 전달하는 목소리'가 되도록 연습해야 한다. 목소리의 전달력이 좋으면 시청자를 설득하는 데도 많은 도움이 된다. 이러한 연습에는 '발음' '발성' '톤' '속도' '완급 조절' 등이 있다.

개인적인 생각으로는 이 가운데 1인 방송 라이브 커머스에서는 '발음'이 가장 중요하다고 본다. 사투리 억양, 목소리의 톤이 높거나 낮음, 말하는 속도가 느리고 빠르고 등은 크게 문제가 되지는 않는다. 하지만 부정확한 발음은 전달력과 전문성이 많이 떨어져 보인다. 특히 판매 방송을 하(려)는 셀러라면 시청자에게 정확한 정보 전달이 잘되지 않을뿐더러, 신뢰감 면에서까지 마이너스 요인으로 작용한다.

그만큼 중요하니 꽤 단호하게 말했지만, 미리 겁먹을 필요는 없다. 이 책에서는 25년간 쇼호스트 뿐 아니라 전문 MC, 리포터 등 공중파 방송인으로 생활하며 쌓은 노하우를 탈탈 털어, 가장 기본적이고 가장 쉽게 지금보다 더 잘 들리고, 더 잘 전달되는 방법을 소개하겠다.

사실, 나 역시 타고난 발성이나 발음 톤이 좋은 사람은 아니다. 오히려 불리한 조건이었다고 해도 무방할 듯하다. 딸 많은 집 막내라 어릴 때부터 막내티를 내며 컸다. 그러다 보니 초등학교에 들어가서도 유아적인 발성으로 말을 하는 습관이 여전했었다.

지금도 생생하게 기억하는 일이 있다. 초등학교 2학년 어느 수업 시간이었다. 담임 선생님께서 자리에서 일어나 큰 소리로 국어책 읽기를 시키셔서 읽고 있는데, 선생님이 갑자기 내게 불호령을 치셨다. "이제 다 컸는데 왜 유치원 동생들처럼 말을 하지? 혀짧은 소리 내지 말고 다시 읽어봐!" 호통 소리에 너무 놀라 훌쩍훌쩍 울면서 겨우 읽었던 기억이 난다. 그 사건이 내 생애 처음으로 발음과 발성에 관한 지적을 받은 날이었다.

하지만 그 일은 오랫동안 나를 야단치신 선생님에 관한 야속한 마음으로만 남았을 뿐, 그 뒤로도 내 말투와 발음과 발성에 여전히 별생각 없이 지내왔다. 심지어 대학교에 진학해서도 잔뜩 비음 섞인 콧소리로 어른스럽지 못하게 말을 했던 것 같다. 그러다 대학교 2학년 때의 일이다.

신문방송학과에 다니던 나는 어느 방송 스튜디오 촬영에서 앵커인 선배가 지각하는 바람에, 마침 그곳을 지나가던 내가 카메라맨 선배의 불림을 받아 앵커 선배가 오면 바로 방송할 수 있게 카메라에 얼굴의 위치를 맞추는 용도로 앵커석에 앉게 되었다.

아무것도 모르는 후배가 얼떨결에 잡혀 와 카메라 앵글을 맞추는 도구로 사용되는 게 미안했는지 PD 선배가 많은 사람 앞에서 나를 "이야~ 백지연이다!"라고 치켜세워 주었다. 당시 최고의 앵커였던 백지연 앵커와 내가 비슷하다니… 선배의 공치사인 줄도 모르고 그 말 한마디에 백지연 앵커와 같은 뉴스 아나운서가 되겠다는 야무진 꿈을 갖게 되었다.

비록 10년 정도 지나 동문 모임에서 다시 만난 그 선배는, 당시 내게 엄청난 동기 부여가 되었던 그 사건을 아예 기억하지도 못하고 있었지만 말이다. 오히려 그때 본인이 그런 말을 했다면 그냥 기분 좋아지라고 한 말일 거라고, 어쨌거나 백지연 씨 같은 앵커는 되지 못했어도 자기 덕에 방송인이 되었으니 다행이지 않느냐고 껄껄 웃었다.

다시 대학생으로 돌아가, 아무튼 앵커의 꿈을 목표로 세운 내 머릿속에서 이미 나는 백지연 앵커였다. 당시 헤어 스타일 트렌드는 파마였는데, 유행에 따라 뽀글뽀글 볶았던 내 머리카락도 백지연 앵커처럼 단발로 바꾸고 언니의 정장 재킷을 입고 다니는 등 최대한 아나운서나 앵커 같은 스타일로 꾸미고 학교를 다녔다. 지금 생각해 보면 웃음이 절로 나온다.

그런데 영상 제작 실습을 하면서부터 현실적인 문제에 부딪혔다. 조별로 'PD' '카메라맨' '기자' '앵커' 이렇게 역할을 나눈 다음 주제를 정해 취재하고 뉴스 영상을 만드는 것이 과제였는데, 당연히 나는 자발적으로 지원해 앵커 역할을 맡았다. 백지연 앵커로 빙의한 후 뉴스 원고를 백지연 앵커처럼 정확하고 시크하며 정말 멋있게 소화했다. 아니, 그런 줄 알았다.

나중에 PD를 맡은 선배가 편집한 영상을 조원들과 함께 보는 자리에서 얼굴이 화끈거리게 부끄러워 쥐구멍에 숨고 싶은 심정이었다. 마음만 백지연 앵커였지, 실제로는 목소리도 잘 들리지 않고 발음도 정확하지 않아 뉴스의 내용 전달이 제대로 되지 않았다.

초등학교 2학년 때 국어책을 읽는 나를 야단치셨던 담임 선생님이 갑자기 떠오르며 자괴감이 몰려왔다. 그 일을 계기로, 어떻게든 내 발성 문제를 해결해야겠다고 다짐했다. 그때는 방송 아카데미라는 곳이 흔하지 않았던 시절이라 공공연하게 배울 곳도 없었다. 그래서 우리 과에 출강 오시는 전직 아나운서 교수님을 찾아가 간곡히 부탁드렸고, 그때부터 그 교수님에게 개인 교습을 받으며 엄청난 노력을 했다.

이때가 내 인생에서 가장 열정적이던 때인 듯하다. 요즘에는 종이 신문을 읽는 집이 많이 줄었지만 예전에는 대부분 가정에서 종이 신문을 구독했었는데, 이 신문이 나의 핵심 필수 교재였다. 매일 신문 한 부를 초등학생이 자리에서 일어나 큰소리로 한 글자 한 글자 또박또박 책을 읽듯 소리 내어 읽었다. 첫 장부터 마지막 장까지 다 읽는데 대략 4시간 정도 걸렸는데, 매번 녹음해 내가 어느 부분에서 발음이 부정확하고 내용 전달력이 떨어지는지를 체크했다. 그리고 다시 읽을 때 그 부분들을 신경 쓰며 읽고 또 읽었다.

어느 정도 발음의 정확도가 높아진 다음에는 띄어 읽기를 연습했다. 펜으로 문장의 의미를 생각하며 띄어 읽기 표시를 했고, 중요한 단어에는 동그라미를 쳐가며 읽었다. 그렇게 하다 보니 마치 앵커처럼 읽기가 자연스러워졌다. 매일매일 소리 내어 신문을 읽을수록 발음이나 발성도 좋아졌지만 정치, 경제, 문화 등 사회 전반의 상식도 풍부해져 사람들과의 대화 폭도 넓어졌다.

평소 발음이 부정확하거나 말을 할 때 자꾸 버벅거리는 사람이 있다면 이 방법을 추천한다. 나처럼 신문 한 부를 다 읽을 필요는 없다. 평소 읽는 책이나 잡지 등도 괜찮다. 일정한 분량을 정해놓고 매일매일 숨 쉬듯 하다 보면 정말 많은 도움이 될 것이다.

목소리나 말하기가 운동이나 노래처럼 타고 나는 부분도 많지만, 꾸준히 연습하고 노력하면 지금보다 훨씬 더 잘할 수 있음은 내 경험을 통해 100% 장담할 수 있다.

말을 할 때 발음이 정확하지 않고 웅얼거리게 되는 데는 구강 구조나 혀의 상태 등 선천적인 문제가 있을 수도 있지만, 말을 할 때 입 모양을 제대로 만들지 않아 생기는 경우가 대부분이다. 입 모양을 명확하게 하지 않고 거의 다문 상태나 마찬가지인 살짝 벌어진 입으로 모든 발음을 내며 말하려고 하니 소리가 다 뭉개지는 것이다.

입 모양을 모음인 ㅏ ㅑ ㅓ ㅕ ㅗ ㅛ ㅜ ㅠ ㅡ ㅣ ㅐ ㅒ ㅔ ㅖ ㅘ ㅙ ㅚ ㅝ ㅞ ㅟ ㅢ 대로 위, 아래, 옆으로 움직여야 하고 아랫배에 힘을 주어 자음인 ㄱ ㄴ ㄷ ㄹ ㅁ ㅂ ㅅ ㅇ ㅈ ㅊ ㅋ ㅌ ㅍ ㅎ이 똑바로 소리가 나도록 해야 한다. 입 모양을 제대로 하지 않고 목에서 나오는 소리로 대충 말하다 보면 발음이 부정확해져 잘 들리지 않고 당연히 전달 또한 매끄럽게 되지 않는다.

인터넷에 검색해 보면 발음 교정을 위한 연습 문장이 제법 있다. 그중 마음에 드는 문구를 골라 화장대나 화장실 등 곳곳에 붙여 놓고 틈틈이 발음 연습을 해보는 것도 좋은 방법이다.

- 저기 있는 저분은 박법학박사이고, 여기 있는 이분은 백법학박사이다.
- 신진 샹송 가수의 신춘 샹송 쇼우.
- 한영양장점 옆 한양양장점 한양양장점 옆 한영양장점.
- 철수책상철책상.

- 창경원 창살은 쌍창살.
- 작년에 온 솥장수는 새솥장수이고, 금년에 온 솥장수는 헌솥장수이다.
- 상표 붙인 큰 깡통은 깐깡통인가 안깐깡통인가?
- 서울특별시 특허허가과 허가과장 허과장.
- 앞집 팥죽은 붉은팥 풋팥죽이고, 뒷집 콩죽은 햇콩단콩 콩죽, 우리 집 깨죽은 검은깨 깨죽인데 사람들은 햇콩단콩 콩죽깨죽 죽먹기를 싫어하더라.
- 들에 콩깍지는 깐콩깍지인가 안깐콩깍지인가 깐콩깍지면 어떻고 안깐콩깍지면 어떠냐 깐콩깍지나 안깐콩깍지나 콩깍지는 다 콩깍지인데.

입 모양을 정확하게 만들어 소리내기 위해서는 입 · 혀 운동이 필요하다. 본격적인 운동 시작 전에 준비 운동으로 몸을 풀어주는 것처럼, 말을 하기 전에도 입 주위 근육과 혀를 풀어주고 말하면 말이 술술 잘 나온다. 내가 추천하는 입 운동은 다음과 같다.

입을 다문 채 입속에 오른쪽 왼쪽 번갈아 가며 바람을 넣는데, 각각 오른쪽과 왼쪽으로 뺨을 부풀릴 수 있을 만큼 부풀린다. 칫솔로 각각의 치아를 하나하나 닦듯 혀를 360도 돌려주고, 혀가 턱 끝에 닿을 만큼 길게 빼준다.

혀를 빼는 이 동작은 혼자 있을 때 하는 것을 추천한다. 나는 길거리를 지나가면서 이 혀 운동을 너무 열심히 한 나머지 마주 오는 사람들로부터 오해를 받은 적이 있다. 함께 방송을 많이 했던 쇼호스트 C 선배는 입과 혀를 푸는 방법이 유난스러웠다. 처음 선배랑 방송하게 되어 그 모습을 보았을 때는 선배가 오리나 개에 빙의된 줄 알았다. 오리가 물속에 얼굴을 넣었다 빼며 "푸~~" 하듯 입술을 오리 주둥이처럼 만들어 "부르르르~" 떨며 오토바이 소리를 흉내 내거나, 아주 빠른 속도로 혀를 "랄랄랄라~~~" 움직이며 강아지 소리를 냈다.

처음에는 이상하고 웃겼는데, 자꾸 듣다 보니 익숙해져 나중에는 나도 따라 하게 되었다. 1인 방송 라이브를 준비하는 사람이라면 이처럼 본인만의 방법으로 입과 혀를 푸는 노하우를 찾는 것이 중요하다.

그리고 말이 잘 들리게 하는 가장 중요한 포인트 중 하나는 '발성' 즉, 소리를 내는 것이다. 소리가 잘 나오지 않거나 멀리까지 잘 전달되지 않는 이유는 입에서 목까지의 구간만 사용해 소리를 내기 때문이다. 심지어 목조차 쓰지 않고 입속에서만 웅얼거리는 사람들도 있고, 매번 목에 힘을 주어 핏대를 올려 이야기하는 사람들도 있다. 목만 써서 말하다 보면 듣기 좋은 시원한 소리가 나오지 않기도 하지만, 목에 부담이 되어 방송하면 할수록 목이 쉬거나 심하면 성대 결절까지 오는 경우를 흔히 볼 수 있다.

앞서 언급했듯 목에 힘을 주지 말고 아랫배에 힘을 주고 복식호흡으로 말을 하면 듣기도 좋을 뿐 아니라 라이브 방송을 1시간 이상 쉬지 않고 진행해도 목이 아프지 않다. 나 역시 지금도 틈만 나면 복식호흡을 연습하고, 말을 할 때마다 아랫배에서 소리를 내려고 노력한다.

요즘 1인 미디어부터 공중파와 종편까지 종횡무진 활동하는 방송인 대도서관만 봐도 1인 방송 라이브 커머스에서 목소리가 얼마나 중요한지 알 수 있다. 개인적으로 게임을 좋아하는 편은 아니지만 한 번씩 대도서관의 방송은 챙겨보는데, 굵은 중저음의 목소리에 정확한 발음으로 게임을 중계하는 걸 듣다 보면 나도 모르게 게임에 빠져들게 된다. 그 많은 게임 플레이 전문 유튜버 중에 독보적인 존재로 자리 잡은 대도서관, 설득력과 전달력을 고루 갖춘 그의 목소리가 지금 대도서관의 존재감을 이룬 핵심이지 않을까 나는 생각한다.

다음으로 신경 써야 할 점은 목소리의 톤이다. 아무리 좋은 목소리라도 계속 일정한 톤으로만 들으면 지루해진다. 학창 시절, 목소리는 멋있었지만 훈화만 시작하면 전교생을 졸게 만들었던 교장 선생님을 생각하면 이해가 될 것이다.

1인 방송에서도 일상적인 목소리 톤으로 이야기하다 정말 중요하거나 시청자를 집중시켜야 하는 대목이 있다면 2초 정도 말을 멈춘 다음 목소리 톤을 살짝 높여 또박또박 한 글자씩 말하면 훨씬 효과적으로 하고 싶은 이야기를 전달할 수 있다. 물 흐르듯 말하는 가운데 이런 기법을 사용하면 1인 방송에 굉장한 임팩트가 더해진다. 또는 의도적으로 높고 빠른 속도로 이야기하다 중요한 대목에서는 목소리 톤을 툭 떨어뜨려 천천히 힘주어 이야기하는 방법도 있다.

이런 목소리 톤의 변화는 말에 힘을 실어주기도 하지만 듣는 사람을 몰입하게 하여 신뢰를 높이는 방법이기도 하다. 목소리 톤을 조절하는 것에는 다양한 방법이 있지만, 이 책에서 소개하는 다음 2가지만 활용해 보아도 목소리가 더 듣기 좋게 변한 듯한 느낌을 줄 수가 있다. 예를 들어 보자.

날씨도 춥고, 나가기도 귀찮은데…(천천히 말하기)
이럴 때 집에서 달콤~하고 맛~있는 거 먹으면서(목소리 톤 높이기)
영화 한 편 보는 게 괜찮을 거 같아요.
오늘 제가 추천하는 달콤~하고 맛~있는 건 바로(톤 낮춘 후 2초 정도 쉬기),
과일의 여왕 레.드.향(천천히, 또박또박 말하기)
어떠세요?(끝을 올려 질문한다는 느낌 강조하기)

아무리 발음이 정확하고 목소리 톤에 리듬감이 있더라도 시청자의 눈길을 방송에 고정하기에는 살짝 부족함이 있을 수 있다. 그럴 땐 프로 방송인 중 1인 방송으로 큰 활약을 하는 개그맨들을 참고해 보자. 개그맨들의 1인 방송은 정말 날 것 그대로를 보여주는 듯한 느낌이 든다. 개그맨들도 평소 발음이나 발성 연습을 하겠지만, 방송에서는 연습한 티가 나도록 말하지 않는다. 자연스러우면서도 재미있기까지 하니 시청자들로부터 좋은 반응을 얻을 수밖에 없다.

1인 방송을 가장 잘할 것 같은 사람을 꼽으라고 하면 많은 사람이 아나운서나 MC 같은 전문 방송인을 먼저 떠올린다. 하지만 방송 진행을 업으로 삼았던 사람 중에 1인 방송으로 이름을 날리고 있는 사람은 그렇게 많지 않다. 왜냐하면, 그들은 1인 방송에서도 몸에 밴 정확한 발음과 발성, 억양을 지키며 깔끔하고 품위 있는 화법을 유지하는 모습을 보이기 때문이다. 이는 TV 방송에서의 모습과 크게 다르지 않기에 시청자 입장에서는 익숙하고 지루하게 느껴진다.

축구 선수는 최고의 경기 결과를 위해 평소 모래주머니를 다리에 매달고 모래사장에서 공을 다루는 훈련을 한다고 한다. 하지만 그들이 실제 경기에서까지 모래주머니를 매달고 뛰지는 않는다.

같은 맥락으로 1인 방송 라이브 커머스를 준비하는 사람이라면 방송에서 좀 더 본인의 말이 좀 더 뚜렷하게 잘 들리도록, 그래서 하고 싶은 말이 시청자에게 잘 전달되고 설득되어 자신의 채널에 더 오래 머물 수 있도록 해야 한다. 그러기 위해서는 평상시에도 앞서 언급한 발음과 발성, 목소리 톤을 좋게 하는 연습을 하며 부지런히 노력해야 한다. 그렇게 하면 실제로 방송할 때 평소 연습을 바탕으로 방송하듯이 말하지 않고 그냥 물 흐르듯 자연스럽게 말을 하게 된다.

제3의 이미지,
자신감 있는 자세와 몸짓 만들기

몸은 말보다 더 많은 표현을 한다

'몸짓신체 언어은 말보다 더 많은 말을 한다'라는 이야기가 있다. 말은 꾸며서 할 수도 있다. 하지만 신체 언어, 즉 몸짓은 본능적으로 나오는 것이기에 자칫 잘못하면 카메라 앞에서 초조하고 긴장된 마음이나 쑥스러운 마음, 확신이 없는 마음 등이 드러날 수 있다. 그래서 방송에서 보이는 나의 몸짓에는 큰 의미가 있다.

눈동자 굴리기, 잦은 눈 깜빡임, 빈번하게 머리카락을 쓸어 올리기, 손으로 입 가리기, 손톱 물어뜯기, 코 만지기, 두 손을 잠시도 가만두지 못하고 꼼지락거리기 등의 행동은 왠지 불안해 보이고 진실하게 보이지 않는다.

1인 방송 라이브 커머스로 상품을 판매하는 A 씨는 말이 막히거나 쑥스럽거나 무언가 뜻대로 잘되지 않을 때마다 손으로 머리카락을 자꾸 위로 쓸어 올리거나 어깨를 털듯 뒤로 넘긴다. 어쩌다 한두 번은 자연스럽지만, 이러한 행동이 반복되면 시청자들로부터 상품을 파는 셀러가 예민하고 까탈스러운 사람이라는 오해를 받을 수 있다. 또 시청자들이 방송을 보는 내내 불안하고 불편하다. 심하면 상품은 보이지 않고 이 셀러가 언제 또 머리카락을 쓸어 올리는지만 신경 쓰게 될 수도 있다. 특히 식품 방송을 할 때는 더욱더 예민하게 보게 된다.

약이 되기도, 독이 되기도 하는 제스처 잘 쓰는 방법

지인인 L 씨는 IT(Information Technology, 정보통신 기술) 전문가로, IT 기술과 관련된 정보를 콘텐츠로 유튜브를 시작했다며 영상을 찍어 나에게 보여주었다. 평소 담담하고 조리 있게 말을 잘하는 사람인데, 영상으로 보니 평상시에는 몰랐던 습관이 발견됐다. 손으로 안경을 계속 올리는 버릇이었다. 그걸 깨닫자마자 온통 내 시선은 L 씨의 안경으로만 향했다. '안경 좀 그만 올리세요!'라는 생각밖에 들지 않았다. IT 기술 쪽 역시 전문 영역이라 믿음직스럽고 프로페셔널한 이미지가 필요한데, 이런 행동을 반복하면 왠지 불안해 보이고 이 사람이 제공하는 정보에 관한 신뢰도도 떨어져 보인다.

또 본인의 말을 강조하기 위해 제스처를 쓰는 경우가 있는데, 이게 약이 되거나 독이 되기도 한다. 자신이 강조하고자 하는 포인트에서 적절하게 제스처를 사용하는 것은 내용에 힘을 보태 주지만, 제스처가 너무 크고 빈번하면 연극처럼 과장되고 부자연스러운 인상을 주거나 보는 사람을 정신없고 산만하게 만든다. 반대로 긴장한 나머지 쉴 틈 없이 말만 하고 손은 누가 묶어 놓은 것처럼 경직된 예도 있다.

보험 정보를 콘셉트로 하는 어느 1인 방송 진행자는 양손을 아래로 내린 채 영상이 끝날 때까지 단 한 번도 손을 올리지 않았다. 양손을 다치기라도 했나 싶을 정도로 제스처가 없으니 목소리에도 강약이 느껴지지 않았고 금방 지루하고 부자연스러웠다. 귀 기울여 들어보니 이 진행자는 보험에 관해 시청자들이 궁금해할 점을 정확히 잘 짚어 해결해 주는 사람이었다. 다만 조금만 더 몸짓언어에 신경 쓴다면 훨씬 전문가답게 보이고 더욱더 많은 인기를 끌지 않을까 하는 아쉬운 마음이 들었다.

제스처는 가슴을 기준으로 세로로는 배꼽과 입 정도까지, 가로로는 어깨너비에서 20~30㎝ 정도 범위까지가 가장 안정적이다. 하지만 역시 너무 빈번하면 임팩트가 약해지니 강조하고자 하는 내용에서 1~2번 정도만 사용하는 편이 좋다. 그리고 한쪽 손만 쓰지 말고 양손을 동시에 혹은 번갈아 가며 사용할 것을 권한다.

그리고 무언가를 강조하기 위해 검지를 카메라 쪽으로 향할 수는 있는데, 잘못하면 시청자에게 삿대질하는 것처럼 보일 수 있으니 주의가 필요하다. 검지를 들어 무언가를 표현하거나 강조하고 싶다면 정면보다는 위쪽이나, 정면에서 살짝 사선 방향을 향하게 하는 편이 더 나은 방법이다.

모바일 1인 라이브 방송은 방송 규정을 지켜야 하는 TV방송이 아니기에 많은 부분이 자유롭게 허용되고 이해될 수 있다. 콘텐츠의 성격에 따라 재미를 위한 방법으로 얼마든지 형식을 파괴할 수도 있다. 하지만 상품 판매, 본인의 사례 소개, 전문 지식이나 정보 공유 등의 콘텐츠로 1인 라이브 방송을 하겠다면 분명 몸짓 언어에 대해 좀 더 신경 써야 한다. 자세와 시선이 안정되고, 제스처를 적절히 쓴다면 훨씬 설득력과 신뢰도가 높아진다. 사소할 수 있는 부분이지만, 사소하게 생각하지 말고 몸짓 언어를 소홀히 하지 않았으면 한다.

자연스러운 표정과 신뢰감 있는 아이 콘택트를 위한 눈 깜빡임

카메라를 통해 방송으로 보이는 내 모습은 실제로 보는 것보다 훨씬 왜곡되어 보일 수 있다. 한 예로, 거울로 얼굴을 볼 때는 인식하지 못했는데 사진으로 찍어서 보면 좌우가 조금 다르고, 영상으로 찍어서 보면 더욱더 많이 다른 것을 알 때가 있다. 내 경우는 평소에는 티가 나지 않는데 얼굴을 찍어 사진으로 보면 양쪽 눈이 짝짝이고, 영상으로 보면 아주 심한 짝눈이라 메이크업을 할 때 양쪽 눈의 대칭에 대단히 공을 들이는 편이다.

실제로는 크게 눈에 띄지 않았던 부분도 영상을 통해 보면 거슬릴 수가 있기에, 평소 이런 부분을 염두하고 표정 연습을 해보는 게 필요하다. 그럼 시청자에게 호감을 주기 위해서는 어떤 표정을 지어야 할까? 추천하는 표정은 '좋아하는 친구를 만났을 때 표정'으로, 최대한 자연스러움을 유지할 수 있도록 연습한다.

날카로운 인상, 무표정한 얼굴, 어두운 표정, 자신감 없어 보이는 용모, 우울한 분위기는 아무리 캐릭터라고 포장해도 시청자 입장에서는 계속 보고 싶지 않은 사람이 될 뿐이다. 초조하고 긴장되더라도 미소를 잃지 말자. 웃으면 훨씬 젊어 보이는 효과까지 있다고 하니, 이보다 더 효과적인 메이크업이 어디 있을까?

무언가를 주장하거나 드러낼 때 눈을 크게 떠 강조하는 연습도 필요하지만, 습관적으로 눈을 부릅뜨는 행동은 시청자들을 불편하게 할 수 있다. 그러니 방송 내내 시종일관 눈을 부라리기보다는 살짝 눈웃음을 짓고 있다는 느낌의 표정이 좋겠다.

또 하나는 눈 깜빡임이다. 긴장하거나 거짓말을 꾸며낼 때, 그리고 갑자기 멘트가 생각나지 않아 초조할 때도 무의식적으로 눈을 많이 깜빡인다. 나 같은 경우는 안구건조증이 있어 밤을 새웠거나 몹시 피곤할 때 눈을 자주 깜박이는 편이다. 본인은 잘 의식하지 못하지만, 영상을 통해 보면 이 눈 깜빡임은 상당히 불안해 보인다. 본인이 자주 눈을 깜빡이는 습관이 있는지 연습 영상을 자주 찍어 확인해 보는 작업이 꼭 필요하다.

어깨를 펴면 말에도 힘이 생긴다

먼저 어깨부터 당당하게 펴자. 물론 누구나 다 알고는 있는 사실이지만, 그동안 잘 지켜지지는 않았을 것이다. 긴장하면 위축되고 위축되면 자꾸 어깨가 움츠러드는데, 이게 반복되면 점점 자신감이 없어 보이고 자신의 말에도 힘이 없어진다. 지나치게 긴장하다 보면 오히려 자세가 흐트러지기도 하지만, 반대로 어깨부터 반듯하게 펴면 조금 전까지는 없었던 자신감도 생기고 숨쉬기도 편해져 방송에 훨씬 도움이 된다.

1인 라이브 방송뿐 아니라 어떤 상황에서도 어깨를 편 당당한 자세가 보기 좋고 이미지에도 도움이 되니 꼭 기억하자.

상대방의 말에 리액션 봇이 되는 비법

모바일 라이브 방송을 할 때 혼자 진행할 수도 있고, 2명 이상 혹은 여럿이 함께 할 수도 있다. 또는 판매보다 시청자들과의 실시간 소통이 더 중심이 될 때도 있다. 이럴 때 셀러가 리액션을 잘하면 방송 분위기도 살고 재미있어진다.

리액션을 잘하는 진행자로 나는 '신동엽 씨' '유재석 씨' '강호동 씨' 이 3명을 꼽는데, 개인적으로는 신동엽 씨의 스타일을 가장 좋아한다. 과거의 신동엽 씨는 조잘조잘 끊이지 않고 말을 하는 수다스러운 캐릭터였지만, 연륜이 쌓인 지금의 신동엽 씨는 완전히 다르다.

신동엽 씨는 '1번 말하고 2번 듣고 3번 리액션 하는 진행'으로 유명한데, 굳이 많은 말을 하지 않아도 리액션만으로도 방송에서 존재감이 드러나는 스타일이다. 잘 듣고 있다가 짓궂지만 밉지 않게 '탁' 쳐주는 재치 있는 공감 멘트는 다른 진행자들이 따라 하기 어려운 능력이다.

유재석 씨는 긴말이 필요 없을 정도로 리액션이 좋은 진행자이다. 유재석 씨를 필두로 여러 진행자가 함께 출연하는 방송 프로그램을 보다 보면 자기가 언제 치고 들어가야 할지, 무슨 말을 해야 할지 머리를 쓰는 게 화면으로도 보이는 사람들이 있다.

하지만 유재석 씨는 다르다. 유재석 씨가 '국민 MC'라고 평가받는 이유는 누가 어떤 말을 하든 말하는 사람을 쳐다보며 경청한다는 점 때문이다. 중간에 장난으로 말을 자를 때도 있긴 하지만, 자기 말만 하지는 않고 상대방의 말도 많이 들어주는 진행자로도 유명하다. 특히 '따라 하기 리액션'의 대가이다. 내가 이름 지은 리액션인데, 상대방이 한 말의 끝말을 따라 하는 방법이다.

유재석 씨의 이런 진면목은 연출 없이 사람들과 즉석 인터뷰를 하는 프로그램의 촬영 현장에서 더 잘 볼 수 있다. 한 취업 준비생이 "도서관에서 열심히 공부하긴 하는데… 하면서도 미래에 관한 불안감은 늘 있죠. 친구는 취업이 됐는데 저는 안 돼서 이러고 있으니 걱정도 되고… 한편으론 좀 더 장기적으로 보자는 생각도 들고 그렇습니다"라는 인터뷰를 했었다.

보통은 "그렇군요" 하며 다음 질문으로 넘어가는데, 유재석 씨는 "걱정은 되지만 일단 좀 더 장기적으로 생각하고 계시는군요"라고 한마디를 덧붙였다. 이런 방식은 대화를 부드럽게 이어가기에 좋을 뿐만 아니라, 말을 한 사람의 입장에서는 상대방이 자기의 이야기를 귀 기울여 듣고 있었다고 생각하기에 더욱 호감을 쌓을 수 있는 방법이다. 이는 1인 라이브 방송에 게스트를 초대했을 때나 시청자와 댓글로 소통할 때 유용하게 쓸 수 있을 것이다.

강호동 씨는 감정을 공유하는 스타일이다. 말하는 상대가 더 신나게 이야기할 수 있도록 본인의 실제 감정보다 조금 더 과장되게 표현하는 진행자이다. 특히 표정으로 리액션을 많이 하는 편인데, 방송을 보는 시청자들은 말하는 사람의 슬픔과 기쁨 등의 감정을 강호동 씨의 표정으로 읽을 수 있을 정도이다. 내 이야기를 강호동 씨처럼 들어주고 리액션해 주는 친구가 있으면 나도 모르게 속마음까지 털어놓을 것 같다.

감정을 공유하는 대상이 누구든 표정을 통해 공감의 분위기를 끌어내는데 도움이 되는 이런 '표정으로 맞장구 치는 리액션'은 게스트가 출연했을 때 방송의 분위기를 좌우하기도 한다. 그래서 TV 방송에서는 리액션 전문 방청객을 부르기도 하고 손뼉을 치거나 함성을 지르는 효과음을 사용해 인위적으로 리액션을 넣기도 한다.

1인 라이브 방송에서도 방송 콘셉트가 '출연자 간의 대화 형식'이라면 이런 '표정으로 맞장구 치는 리액션'이 양념과도 같은 역할을 한다. 리액션은 크게 ①입 ②표정 ③몸짓으로 하는 3가지 방법이 있다. 먼저, 입으로 하는 리액션은 상대방의 말을 들으며 "아 진짜?"라고 놀라며 맞장구치는 방법, "그렇구나~" 하며 공감하는 방법, 앞서 언급한 유재석 씨의 방식대로 상대방의 말을 요약해 따라 하는 방법 등이 있다.

예를 들면 상대가 "단호박 수프를 끓이는 데는 여러 가지 방법이 있고 재료도 다양하게 활용할 수 있는데, 만약 생크림이 없으면 우유를 사용하시면 됩니다"라는 말을 했다면 "생크림 대신 우유를 사용하면 되는군요!"라고 쉽게 맞장구를 칠 수 있다.

또 하나의 방법은 표정이다. 표정 리액션의 가장 효과적인 방법은 눈을 사용하는 것인데, 듣는 말의 내용에 따라 동공을 확대하며 놀라는 표정을 짓거나 말하는 사람의 표정을 따라 하며 고개를 끄덕거리는 방법도 있다.

그리고 마지막 방법은 몸짓이다. 말하는 상대방을 향해 눈을 맞추고 고개를 살짝 기울이며 상체를 상대 쪽으로 기울인다. 또 손뼉을 치며 격하게 반응할 수도 있는데, 이 경우는 정말 상대방의 이야기가 재밌었을 때 그냥 웃기만 하는 것보다 훨씬 효과적이다. 물론 입으로, 표정으로, 몸짓으로 하는 리액션은 3가지 모두 함께 사용했을 때 가장 효과적이다.

K 씨는 본인의 유튜브 채널에 다양한 게스트를 초대해 시청자

들이 궁금해하는 내용을 인터뷰 형식으로 진행하는 콘셉트를 가지고 있는 크리에이터인데, 인터뷰어답게 그녀는 리액션에서도 상당한 고수이다. 게스트에게 질문한 다음 약간 몸을 앞으로 숙여 귀 기울여 듣는 자세를 취하고, 중간중간 "아~ 그렇군요!" "이렇게 저렇게 하라는 거군요~" "세상에, 그걸 몰랐네!" 하며 적절하게 맞장구를 치고, 때로는 손뼉을 치기도 하는 등 깔끔하고 기분 좋은 리액션을 선보인다. 그럼 게스트는 그녀의 리액션에 더 신이 나서 자신도 모르게 숨겨놓았던 이야기들까지 더 많이 털어놓게 된다.

그녀는 게스트가 이야기하는 내용을 전혀 모르고 있지는 않았을 것이다. 이렇게 알고 있어도 모르는 척하며 상대방이 신이 나서 이야기할 수 있도록 분위기를 만들어주는 능력은 말을 잘하는 것 못지않게 대화나 인터뷰에서 꼭 필요한 능력이다.

이때 리액션은 적절한 타이밍이 중요하다. 지나치게 잦은 리액션은 대화의 흐름을 끊어 말하는 이가 김이 샐 수도 있고, 대화가 엉뚱한 방향으로 흘러가 다시 그 주제로 돌리느라 수습이 어려워질 때도 있다. 이럴 때 진행자에게는 분위기를 잘 파악하는 센스가 필요하다.

댓글 소통을 하는 1인 방송 라이브 커머스의 경우도 마찬가지이다. 시청자들은 상품에 관한 설명을 몰입해 듣고 있는데 셀러가 너무 빈번하게 댓글에 리액션하다 보면 핵심은 전달하지 못하고 방송이 산만해질 수 있다. 그러니 방송 중에 시청자들과의 소통에서 즐거운 분위기를 형성하기 위해 리액션을 하더라도 전달하려는 내용은 명확하게 전달될 수 있도록 셀러가 균형을 잘 맞추며 잡도록 하자.

누구나 처음부터 잘하는 사람은 없다. 나 역시 숱하게 많은 실수와 시행착오를 겪으며 성장했고, 아직도 그 부족함을 채우기 위해 노력하는 중이다. 시인이자 디지털 아티스트인 오스틴 클레온 Austin Cleon은 "많은 사람이 '동사 Verb를 행하지 않고 '명사 noun'을 원한다!"라는 말을 했다. '행동하지 않으면 내가 원하는 무엇인가가 될 수 없다!'라는 이야기다.

서툴러도 부족해도 상관없다. 1인 방송 라이브 커머스로 내가 고른 상품을 마음껏 판매해 보고 싶다면 바로 지금 시작하자. 앞에서도 여러 번 언급했듯이, 라이브 커머스 셀러는 방송에서 다양한 역할을 소화하는 멀티 플레이어가 되어야 한다. 물론 그 역할들을 하루아침에 다 잘할 수는 없다. 그러니 이 책 『라이브 커머스 성공 전략』을 입문서로 옆에 두고 틈틈이 읽으며 꾸준히 연습해 체화시켜보자. 당신은 분명 다른 누구보다도 경쟁력 있는 라이브 커머스 셀러가 되리라고 확신한다.

Epilogue

우리가 맞이해야 할 언택트 시대에 작은 도움과 당부가 되기를

'코로나19 재확산에 따른 사회적 거리 두기 2.5단계'가 시작되었다. 저녁을 먹고 난 후 재택근무 중인 남편과 학교에 가지 못하는 대신 온라인 비대면 수업을 듣는 쌍둥이와 함께 가족 모두 동네 한 바퀴를 돌았다. 자주 가던 동네 카페며 식당, 옷가게와 학원들이 깜깜하게 불이 꺼져 있거나 텅 비어 있었다. '저곳에서 일해야 하는 사람들은 어떻게 하나…?' 하는 걱정이 들면서 늘 보아왔던 동네 풍경과 너무 다른 모습에 마음이 몹시 무거워졌다.

에필로그를 쓰는 이 순간에도 현재 내가 활동 중인 '줌Zoom 독서 토론'의 단체 채팅방에서는 언택트Untact, 기술의 발전으로 사람과의 접촉 없이 물건을 사는 등의 새로운 소비 경향을 뜻함 시대에 개인 방송을 하기 위한 웹캠, 휴대전화 거치대, 마이크 등의 장비 정보를 교환하느라 알림음이 쉴 새 없이 울리고 있다. 인스타그램에서는 내 인친들의 라방이 끊이지 않는다. 얼마 전 20년째 '쇼호스트 아카데미'를 운영 중인 동기에게서는 "이제는 쇼호스트 아카데미도 TV홈쇼핑에서 라이브 커머스 쪽으로 방향을 전환했다"라는 이야기를 전해 들었다. 모든 것이 생각보다 훨씬 빨리 다가온 변화이다.

"코로나19가 종식되더라도, 완전히 예전의 생활과 모습으로 돌아가기는 어려울 것이다"라고 전문가들은 말한다. 배우고 가르치며 사고파는 대부분의 일이 이제는 언택트 환경에서 이루어지게 되었다. 여기에 누가 빨리 적응하여 본인의 영역을 만드느냐가 '위드With 코로나19 시대'에서 살아남을 것인지 도태될 것인지를 결정할 것이다. 이제 '집'이 학교가 되고 일터가 되며 노는 곳이 되어야 한다. 이러한 상황에서 '휴대전화 하나로 돈을 벌 수 있는 재미있는 일거리'가 될 '라이브 커머스'가 언택트 시대에 방향을 찾는 이들에게 많은 도움이 되기를 바란다.

쇼호스트 재직 시절 '옴부즈맨 프로그램'을 수년간 진행했었다. TV홈쇼핑의 '옴부즈맨민원도우미 프로그램'은 소비자 권익을 보호하기 위한 프로그램으로, 소비자들의 불만 수렴과 의견 청취, 고충과 민원 등을 듣고 회사의 입장을 표명하는 프로그램이다. 이렇게 글로 짧게만 읽어도 재미없음이 느껴지는 방송이지만, 회사 재승인을 위해서는 꼭 필요한 중요한 프로그램이다. 이 프로그램을 진행하며 개인적으로는 쇼호스트로서 많은 것을 느끼고 배웠다. 쇼호스트는 최선을 다해 상품을 많이 팔아야 하는 판매자의 입장이지만, 옴부즈맨 프로그램을 진행하면서부터는 소비자의 상황을 누구보다도 잘 알고 깊게 공감하게 되었기 때문이다.

하나라도 더 팔기 위해 생방송 때마다 쇼호스트는 온 우주의 기운까지 끌어모아 고객의 마음을 사로잡을 멘트를 쏟아낸다. 그래서 때로는 균형을 잃고 수위를 넘어서는 경우가 종종 있다. 돌이켜보면 나 역시 판매량을 높이기 위해 물불을 가리지 않았던 시기가 있었던 것 같다. 하지만 소비자들이 쇼호스트의 말을 철석같이 믿고 샀다가 막상 받아서 사용해 보고 실망한 나머지 쇼호스트에 관한 배신감뿐 아니라 판매한 TV홈쇼핑 회사까지 불신하게 되는 경우를 가까이에서 지켜보며, 판매자의 말 한마디 한마디가 얼마나 중요한지 막중한 책임감을 느끼게 되었다.

이 책을 읽고 라이브 커머스를 처음 시작하는 분들에게, 조금이라도 판매 방송을 먼저 시작한 선배로서 감히 부탁드린다. 이제 기지개를 켜기 시작한 라이브 커머스가 앞으로 오프라인 매장과 TV홈쇼핑을 대체할 새로운 유통 채널로 쭉쭉 뻗어 나갈지 아니면 소비자들의 불신으로 외면받을지는 라이브 커머스를 시작할 독자, 바로 여러분에게 달려 있다. "○○○이 파는 상품은 그게 무엇이든 믿을 수 있어!" "저 사람은 소비자에게 도움이 되는 개념 있는 셀러지!" 등에서 더 나아가 "굳이 밖에서 쇼핑하지 않아도 되겠던데? 모바일 라이브 커머스로 쇼핑하는 것도 꽤 괜찮더라." 등등 이런 좋은 이미지를 만드는 일이 장기적으로 보았을 때 셀러 자신을 위해서나 라이브 커머스의 미래를 위해서나 더욱더 도움이 되지 않을까? 그러니 나 자신이 판매자인 동시에 소비자임을 늘 염두에 두며 라이브 커머스 셀러로 활동하길 바란다.

마지막으로 내가 책을 쓰는 데에 도움을 주신 분들에게 인사를 전하고 싶다. 먼저 초보 작가의 거친 원고를 멋진 책으로 만들어 주신 서사원 출판사 장선희 대표님과 모든 직원분에게 진심으로 감사드린다. 또 내게 작가로서의 동기부여와 자신감을 심어준 한양사이버대학교 서구원 교수님과 김광재 교수님, 정연아이미지테크 정연아 대표님, 글쓰기 멘토링을 해주신 출판전문가 장치혁 대표님, 글을 쓰는 동안 많은 인사이트를 주신 김진호 작가님께도 감사드린다. 인터뷰에 응해 주신 라이브 커머스 관계자분들과 셀러분들에게도 고마움을 전한다. 때때로 약해지는 나의 멘탈을 바로잡아주며 항상 지지하고 응원해준 내 친구들도 고맙다.

막내딸이 방송인이란 걸 늘 자랑스러워하시고 지지해 주시는 부모님과 나를 믿어주시는 시아버님, 나의 멘토이자 소울메이트인 언니들, 계속 공부하고 책까지 쓰는 와이프를 자랑스러워하며 새 노트북도 사주고 집안일도 도와주는 등 여러모로 많이 기여해 준 남편 김수완 씨에게도 사랑한다고 전하고 싶다. 그리고 내가 서재에서 글과 씨름할 때 조용히 방문을 닫고 나가 묵묵히 둘이서 라면을 끓여 먹던 나의 사랑하는 딸들 유빈, 세빈이에게는 기대 이상으로 잘 자라주어서 정말 고맙고 많이 사랑한다고 말하고 싶다.

무엇보다도 시간을 내어 이 책을 끝까지 다 읽어 준 독자 여러분에게 진심으로 감사드린다.

2020년 9월의 첫날

이현숙 올림

20년 차 베테랑 쇼호스트가 알려주는
1인 판매 방송의 모든 것

라이브 커머스 성공 전략

초판 1쇄 발행 2020년 10월 5일
초판 5쇄 발행 2021년 1월 7일

지은이 이현숙
펴낸이 장선희

펴낸곳 서사원
출판등록 제2018-000296호
주소 서울시 마포구 월드컵북로400 문화콘텐츠센터 5층 22호
전화 02-898-8778
팩스 02-6008-1673
전자우편 seosawon@naver.com
블로그 blog.naver.com/seosawon
페이스북 @seosawon **인스타그램** @seosawon

총괄 이영철
책임편집 이소정
마케팅 권태환, 강주영, 이정태
디자인 최아영

ISBN 979-11-90179-39-3 03320

이 도서의 국립중앙도서관 출판예정도서목록(CIP)은 서지정보유통지원시스템 홈페이지
(http://seoji.nl.go.kr)와 국가자료종합목록시스템(http://www.nl.go.kr/kolisnet)에서
이용하실 수 있습니다.(CIP제어번호 : CIP2020039413)